# 슬픔을 헤아리며

김기완 시집

시와사람

슬픔을 헤아리며

2025년 7월 10일 인쇄
2025년 7월 15일 발행

지은이 김기완

펴낸이 강경호 편집장 강나루 디자인 정찬애
펴낸곳 도서출판 시와사람
등록 1994년 6월 10일 제 05-01-0155호
주소 광주시 동구 양림로119번길 21-1(학동)
전화 (062)224-5319 E-mail jcapoet@hanmail.net

ISBN 978-89-5665-775-2 03810



이 도서의 국립중앙도서관 출판예정도서목록(CIP)은
서지정보유통지원시스템 홈페이지(http://seoji.nl.go.kr)와
국가자료종합목록 구축시스템(http://kolis-net.nl.go.kr)에서
이용하실 수 있습니다.

# 슬픔을 헤아리며

## ■ 시인의 말

파도 앞에서 쭈뼛거리고 있는 저에게 인생응원가로 다가와 한 줄기 빛이 되어주신 은혜를 잊지 않겠습니다. 매 순간 감사하며 고마워해야만 거센 비바람을 견뎌낼 수 있고, 마침내는 그 힘을 조금이라도 나눌 수 있을 거라고 믿습니다.

저의 글에 단 한 사람이라도 위안받는다면 온 힘을 다하여 글을 쓰겠습니다. 시의 눈을 뜰 수 있도록 도움 주신 전남대학교 평생교육원 이상호 교수님께 진심으로 감사드립니다. 또한 시를 습작할 때마다 첫 독자가 되어 응원해 준 아내에게도 고마움을 표하고 싶습니다.

끝으로 시집을 편집하고 작품론을 써 주신 《시와사람》 강경호 평론가님께 감사드립니다.

2025년 5월. 寶林 김기완

## 제1부

## 제2부

## 제3부

## 제4부

# 슬픔을 헤아리며

# 제1부

# 슬픔은 힘이다

영산강으로 넘어가는 고갯길,
고향의 탯자리와 함께 해왔던
늙은 소나무를 그악스런 칡넝쿨이 감고 있다
솔향기 솔바람 다 내어준 수호신이었던 그대의 몸을
숨도 쉬지 못하게 옥죄는 압박으로 인해
세상과 작별하고야 마는 날이 왔음에도
원망하지 않는 의연한 모습이 아리게 한다
그대가 쓰러진 고갯길에 진눈깨비 흩날릴 때
그대를 기억하는 뭇 생명들은
어미 잃은 아이처럼 황량한 들녘을 헤맬 터
여름 폭풍우 장대비 몰아치면
숲은 발가벗겨진 벌건 알몸으로 드러나
어둠에 삼켜지는 그대의 사리를 보고 말 것이다
결국, 나는 흩어지는 상흔을 바라볼 수밖에 없는
안타까이 일렁이는 가슴 안고
처연히 잠겨드는 영산강 노을 너머로 걸어가리라
슬픔이 켜켜이 쌓인 아리랑 고갯길
고난이 스스로 힘이 되는 고개를 넘는다
솔씨 같은 슬픔의 힘을 깨달으면서.

# 나그네

깊은 산속 적적한 숨결이 스며든
숲의 정기로 길을 간다
솔가지 사이로 지나는 솔바람 안고서
산 아래에 건네주고자 길을 재촉한다
세속의 인연을 만나면 전해 주려는데

사람들은 서로 뒤엉킨 채
어깃장 속에 아우성치며 허우적거린다
어지러운 소음에 시달리는 뭇 생명은
순한 염소처럼 울면서 지쳐가고 만다
만약, 자신의 목소리만 내며 틈이 갈라진다면
모두가 무너지는 통곡을 듣고 말 것이다

노을에 잠기는 오솔길을 걷는 나그네는
허허롭기 그지없는 세상사 뒤로한 채,
홀로 옅은 미소 지으며 길을 간다.

# 슬픔을 헤아리며

밤하늘에 수놓아진 은하수 윤슬이
유성 같은 눈물을 뚝뚝 떨군다
먹구름 아래 바람이 소용돌이치고
달도 숨은 적막한 길에서 한 나그네가
탐욕에 몸부림치는 세상 꼴을 보고 말았음이라
하늘, 삼천대천세계가 내려다보는 것도 모른 채,
어찌하여 손아귀를 쥐려고만 하는가
어두운 세상 속 유희를 찾는 너희는
타인의 슬픔은 알 수 없다고 하겠으나
별의 눈길은 피할 수 없음이라
실존의 슬픔이 쌓이다 보면 서로 힘이 되어
고난을 이겨내리란 걸, 모른다 하려는가?

슬픔을 직시하는 하늘, 인간이 알기엔 미약하기에
오늘도 부질없이 파도치는 가난한 마음의 나,
가만히 내려놓고 무심코 두고 보리라.

## 외롭지 않아야 해

스무 살을 넘어서
세상살이 한 걸음 한 걸음 알아가던 나에게
사랑을 찾기에는 아직, 먼 이야기라 여겼지
삶 속에 이리저리 치어가며 허덕이겠지만
먼저 나의 길을 찾고 난 후
언젠가는 내 천사를 만나리라는 걸, 믿은 게지
춥고 텅 빈 허허벌판에
비바람 몰아치는 길을 하염없이 걷고 또 걸어도
외롭지 않아야 해
왜?
그건 겪어보지 않아도 알 수 있으니까
아무것도 나눌 수 없는 빈손으로는
나를 믿는 천사에게 고통을 주는
바보 같은 사내가 되고 싶지 않았을 뿐이야
내 안의 나만은 지키고 싶었으니까.

# 소쇄원

어둠에 잠겨 방향을 헤아리기 어려운 때
나아갈 길을 또록또록 제시해 주신
선생님과 함께 소쇄원에 들었다
기묘사화 이슬로 맺힌 정암 선생의 뜻을 안고
제자 양산보가 은둔한 소쇄원
세월이 강물처럼 흐른 뒤
산수유, 청매, 투명한 하늘이 어우러진
터의 동북에 옛 시절 간직한 봉우리는
변함없이 자리하고 있다
만약, 정암 선생처럼 올곧은 선비 정신이
오늘날에도 살아 있다면
산지사방 얼룩진 무도無道는 없을 것이리라

오늘, 축복 같은 봄 햇살을 받으며
선생님과 함께
소쇄원을 지나갔다.

# 능소화

병자호란 때 삼전도의 굴욕으로
청나라에 끌려간 처녀, 천신만고 끝에 돌아왔다
눈물로 그렸던 고향 땅에
노비의 사슬을 끊고 돌아왔으나
한스러운 피눈물을 흘리고 만다
꿈에 그리던 고향에서 축복받아야 할 처녀는
모든 사람이 외면하는 눈초리에
부모 앞에 엎드려 큰절 드리고 일어선다
처녀와 부모의 가슴은 갈기갈기 찢어지고,
해가 뉘엿뉘엿 기우는 산골 마을 하늘도
벌겋게 부서지며 울고 있다
노모가 부랴부랴 밥을 지어
망개 잎사귀에다 뭉친 주먹밥을 봇짐에 넣는걸
지켜보던 아비는 고개를 돌리고 만다
가을의 스산한 바람이 지나는 들녘에,
부모 곁을 떠나는 연붉은 능소화는
피를 토하는 소쩍새 울음 따라 뚝뚝 떨어진다.

# 소쩍새 울음

어쩌다 듣는 소쩍새 울음이
우억거리는 맘속에 꽂혀
깊이, 깊이 울리고 있네
어둔 숲, 산자락에서 들려오는
한恨을 토하는 듯한 울음이
가슴을 말갛게 헤집어 놓아
서러운 맘 추스르며
아리랑고개 넘기도 했다네.

# 오두막

서산마루 햇살이 머물다 가는 외딴집
대나무 삽짝이 반쯤 열린 채
바람 손님 드나들라는 듯이 비스듬히 서 있다
돌들이 올망졸망한 키 낮은 돌담,
싸리나무 울타리 둘러진 적적한 초가 한 채
부서지는 햇빛 보듬은 모습이 가슴에 스민다
나그네 찾아왔다는 헛기침 소리에도
5월 햇살의 손길만이 맴도는데
나그네는 삽짝을 밀치고 들어서
햇살이 밟히는 마당을 지나 툇마루에 앉았다
장독대 감나무 그늘에 물동이가 보인다
산죽 발이 덮여 있는 위에
조롱박 하나가 적적하다
길손은 찬물 한 바가지 들이키고는
울타리 너머 먼 들녘과 오두막을 번갈아 보더니
젖은 눈시울을 훔친다.

# 그뿐

뭉게구름의 눈길과 손짓을
세상으로 불러내어 놓은 것처럼
지긋이 내려보는 시선과
잔잔한 얼굴에 스치는 미소
미련 두지 않는 듯
훌훌 떨치고서 길을 가는
살풋한 뒷모습이
길모퉁이 언저리에 남아 있다
가뿐한 걸음걸이는
흔적을 남기지 않는 새털처럼 가볍다
홀연한 발걸음 딛는 찰나의 그 순간,
허공의 꽃밭으로 향하고 있는 것이겠다
한 세상 점점이 멀어지듯
지나가는 소슬바람에 눕는 풀잎의 영혼,
들녘에 흩어지는 새들 노랫소리는
우주의 품속으로 돌아가고 있을 터
그뿐이다.

# 가을날 아침

바람이 벌거벗은 줄 모르고
시간이 흐른 것도 잊은 채
꽃잎에 맺힌 이슬을 만나
이야기꽃을 피우고 있었던 게지
이윽고, 어둠을 밀어내며 솟은
붉게 달아오른 열정과 마주하던 순간
바람은 깜짝 놀라고 말았어
아차, 드러난 벌거숭이 몸뚱이가 부끄러워
구름 속에 재빨리 숨어들 수밖에,
두 눈 질끔 감고 숨어든 곳이 하필이면
숫처녀 속치마 같은 솜털 구름이었던 거야
벌거벗은 불청객 바람에 깜짝 놀란
처녀 구름이 어쩔 줄 몰라 하며,
붉어진 얼굴을 들녘의 꽃들에게 들켜
하늘에 얼굴을 묻어버린 불가사의한 사건
가을날 이른 아침에 일어난 일이었어.

# 귀뚜라미

깊은 가을날, 보름달 떠올라
골목길을 가로등처럼 비춘다
어둑한 곳에서 서글피 우는 귀뚜라미
보름달이 뜨지 않았다면
내 가슴은 더 울적하겠지
만약 초승달이었다면,
귀뚜라미는 내 발걸음
휘청이게 하고 말았을 거야

귀뚜라미 울음소리 뒤로 하면서
영화 속 주인공처럼 옷깃을 세우며 걷는데
스산한 밤이슬은 내게 절절히 하소연한다

저 귀뚜라미는 겨울을 이겨낼 둥지를 틀었을까
마른 풀숲 아늑한 곳에, 짝은 있으려나.

# 파도

누구에게도 기댈 수 없어
홀로 일어서야만 했던 지난날
믿을 수 있었던 건 자신이었으나
훗날 나의 믿음은 부처의 말씀일 수도 있겠다
모든 생명을 존중하는 가르침이 있기 때문이다
하심下心을 깨닫고자, 6시간 이어지는 삼천 배
단 한 번의 절이라도 정성을 다하며
한순간의 깨달음을 온몸으로 받아들인다
그러나 지금 나는 바다의 파도에 마음이 간다
변함없이 밀물로 찾아와 세상을 깨우기에 그렇다
파도와 교감하는 가슴을 가진 사람은
자기 안의 자신을 발견하며
살아있는 파도처럼 살고자 하기에
세상의 틀에 갇히지 않는 무위無爲를 얻어
걸림 없이 사랑을 노래하리라

바다는 하나로 연결된 인과의 사연을
파도에 실어 오늘도 나에게 전해 준다
그렇기에 밀려오는 파도는 나의 시詩다!.

# 님 1

초겨울 밤, 님께서 계시는 듯
고요한 창에서 새어나오는 불빛이
저에게는 따스한 기쁨입니다
미처, 말은 붙여 보지는 못했으나
그대가 실망하는 표정이라면
저는 우주의 미아가 되어 버릴 듯하여
우두커니 서서 지켜만 보다가
그대가 제 마음의 주인이기에
향하는 것만으로도 축복입니다
노란 손수건 같은 창,
그대의 입김인 듯 흘러나오는 온기는
차고 메마른 마음에 스며드는
빛이라는 것을 느낀 저는
옷깃을 세우며 돌아섭니다.

# 님 2

저에게 두려움이 생겼습니다
무소의 뿔처럼 홀로 길을 가시는
님을 흠모하기에 그렇습니다
님의 그림자가 어린 오솔길을 걷지 못할까
언뜻 언뜻 다가서려는 마음 때문입니다

님께서 인도하시는 길
은혜로이 받아들여야 함은 온 세상의 축복
사랑하시고자 하는 마음 꽃다발,
모두의 기쁨으로 피어나도록
온 힘을 다해 원하심이 아니십니까

모두를 일깨우려는 님의 고독은
차마, 떨쳐내기 어려운 사랑임에
제 모든 허울이 벗겨져 나가고
'맑고 향기로운' 일깨움과 그 여운…
불현듯 먼동 같은 설레임이 됩니다.

# 님 3

님께서 보시자 하신다면
불철주야 달려가렵니다
님의 시간 내주신다면
언제라도 뵈오리다

깨우치란 죽비이겠으나
어찌 두려우리까
다만, 님의 시간
앗아서는 안 되겠기에 망설입니다

님 곁에 제가 있다 한다면
영혼의 북돋음에 동행이겠으며
님을 따라 가는 길
그것만으로도 광명이겠나이다.

# 노을 속의 나

영산강이 노을을 안고 흐르면서
강 건너 불빛 불러모아 한바탕 춤추듯 일렁인다
내가 던진 돌멩이 하나도 강물에 뛰어들었다가
하늘로 치솟으면 철새따라 멀리멀리 날아갈 터
떼 지어 쏟아놓은 울음들이 부딪칠 듯 가득하고
뭉쳤다가 갈라졌다 하며 둥지를 찾아 날아간다
영산강 다리 위 노을이 시린 어둠에 잠기는 저녁,
사라지는 새를 보며 붉게 물든 풍경 속에 선 나는
혼자가 되는 슬픔을 떨치고자 저 미물의 무리 속에
스며들어 가없는 안식을 찾아 훨훨 날아가고프다.

# 느티나무 묵언

느티나무는 나뭇잎 다 내려놓고
말 없는 말, 묵언으로 말하고 있다
왜! 눈 오기 전, 시월에 내려놓겠는가?
한 세상 비우며 살아가자던 것이요
오르막 있으면, 내리막 있노라는 것이요
출발역 있으면, 종착역 있노라는 것이요
가장 높은 곳이 가장 낮은 곳이었노라고
지금까지 그렇게 살아왔노라는 말 대신
지금 이 순간 그대 마음의 눈을 뜨라고
가을 서리 맞으며 온몸으로 전하고 있다.

# 목련

지상에 내려온 목련이
응달 속에서 날개를 겨우 펴니
여러 갈래 꽃잎으로 바람에 나부낀다
순결한 진실을 말하고자
추위와 어둠을 헤집고 찾아 왔건만
이제, 하늘로 돌아갈 때가 다가오고 있다
만약, 은하수 속으로 돌아가게 된다면
흰 새처럼 허공에 떠올라
꽃잎 하나 또 하나 대지에 내려놓으며
훌훌 날아갈 거야
쌓인 미련일랑 모두 떨쳐내고 가렴
지난 12월 초에 돋은 꽃눈 속에서
시린 겨울을 나와 함께 난 후,
눈부시게 부풀어 올랐던
피기 전 예뻤던 자취는 두고서 가려무나.

# 제2부

## 조개의 노래

바닷가에 사는 난
발이 없는 조개여서 파도에 뒹굴다가
물결이 전해주는 이야기를 기억하며 살지
세상 사는 누군들 쓰라린 사연이 없겠는가
그래도 진주를 품는 꿈을 꾸었고,
벗과 함께 용궁을 여행하자 약속했어
파도가 내게 보내는 진심을 알았고
내 가슴이 뛰고 있으니까
난 남도 백리섬섬길 호젓한 해변에서
하루에 두 번은 손나팔하고 노래 부르지
노을과 헤어지며 눈물 반짝이는 윤슬을 달래려
밀물이 밀려올 때를 기다려서 소라와 달님,
별님과 함께 노랠 부르는 거야
벗들과 언제까지라도 함께 하는
바다 속울음 같은 노래를 부르고 싶어서 그래
왜? 그건 함께하는 모든 이의 위로를 위한
순결한 기도이니까.

# 마음 노을

석양 노을이
내 마음 붉게 타오르도록 이끈 것은
그대가 있어서입니다
그리운 마음을 품은 정이
서쪽 하늘에 머무르며 춤을 추기에 그런 게지요
그대가 기러기 되어 남쪽으로 날아가고,
다시 북쪽으로 돌아가는 서산마루에
나와 마주친 눈빛이 쌓여 있는 게지요
서로 주고받았던 마음이 모여
노을로 물들게 된 거겠지요
촉촉이 흘러내리는 님 향한 눈물처럼
온 몸을 던진 춤사위로 나타나는지라
다시 만날 기약이 잔잔한 바람결에 묻어
님이 알아봐 주길 바랄 뿐이지요.

# 형님

- 구본중 님께 바칩니다

제가 아는 형님을 소개합니다
그분은 무엇 하나 취하는 게 없으면서도
도움을 바라는 사람이 흩트려 놓은 실수
반복되지 않길 바라며 애태우며 돕습니다

자신에게는 사뭇 냉혹하지요
한 번의 약속, 이후 어떤 어려움이 있어도
말없이 실천합니다
조금 돌아가는 길이 있을지라도
처음 그대로 길을 가는 게
누가 보면 답답할지라도 바꾸지 않습니다

힘없는 사람 보듬어 안는 삶
애써 모르는 척 지나치지만
허나, 홀로 엿보는 가슴은 미어집니다
진정, 가슴 깊이 존경하는 형님!

# 세 번의 기도

님이여, 맺은 인연
님의 마음을 따르리라

님이 뜻대로 가시는 길
말없이 믿고 따르리라

님이 힘들어하시는 일
함께 나누었으면 하오리다.

# 평온한 세상을 꿈꾸며

봄이 망설이는 어두운 광화문에
검은 망토 연주자의 까만 바이올린이
지옥에서 무곡을 불러온다

왜소한 성냥불 같은 내 영혼이 달려가
어둠에 잠긴 광장 한구석 밝힌다면
먼동이 튼 하늘처럼 환한 웃음 지으리라
광장에 모여든 열망의 촛불은 봉홧불 되어
날카로운 불면의 밤에도 타오르겠다.

## 산행

배낭을 메고 혼자서 길을 나섰다
아버지는 오래전에 떠나셨고
어머니마저 잃은 스무 살 허전함을
배낭에 우겨넣고 어깨에 멘 것이다

가슴을 펴고 살겠노라 다짐하지만
문득 허전해지는 나를 어쩌지 못해
무등산 길을 외롭게 더듬어 올랐다

골짝물에 발 담군 단풍나무 그늘 아래
젊은 부부가 어린아이 데리고 와
신발을 모두 벗고서 물가에 앉는다

어릴 적, 가끔 아버지 어머니와 함께
마을 앞산 계곡물에 발을 담그던
그때처럼 계곡물은 무심히 흘러가고
혼자 하는 산행이 내내 가슴 시리다.

# 웃을 날

컴컴한 밤바다 건너 불빛에
갈 길 잃은 시선이 허공에 흩어질 때
진창 길에 헤매진 않아야 한다
혹여 어두운 자드락길 구석에 주저앉아
가슴 후벼대며 흐느끼지는 않을까,
비바람 세월에 닫힌 가슴 한쪽이 먹먹하다

어둠 저 너머 총총히 오는 그대
거친 파도 같은 세월 넘어 내게 다가와
평온하다 소곤거리며 날 오라 재촉한다
난 이것저것 떨쳐낸 뒤에도
익은 정마저 뿌리치긴 쉽지가 않다
억겁 같은 파도 이는 이곳인들 저곳인들
다를 게 무엇 있으랴마는
어둠 밝히는 꿈을 향해
훌훌 떠나지 못한 아쉬움이 쌓여 있다

이젠 내 옆의 장작개비와 함께 기다리련다
서로 불 밝히며 웃을 날이 꼭 오리라 믿고
활활 타오를 준비하며 미소 지으련다.

# 사과

지난 태풍의 비바람에 떨궈진 사과가
사람 손길이 닿지 않은 채 썩어가고 있다
사과여, 자신을 한탄하기보다
온전하게 거름이 된 봉헌의 기쁨을 누리라

'내일 지구가 멸망하더라도
한 그루 사과나무를 심겠다'고
스피노자는 노래했잖은가
그의 말씀은 절망을 거부한 인생찬가였으리

사과가 자연으로 돌아가
그곳에 새싹 틔우는 참된 삶이 있으니
썩은 사과라고 절망할 것이 아니라
이젠 생명의 씨앗을 노래해야 하리라

한순간에 깨달음을 얻은 썩은 사과여!
다음 세대를 위한 밑거름 되겠노라 소리치라
한 번 죽어야만 진정 다시 살아나는
두 팔 펼치게 하는 노래, 외쳐 부르라.

# 석탑에 핀 귀꽃

하늘 소식이 찾아드는 산사에
달빛 전언에 귀 기울이는 귀꽃이
석탑 처마 끝에서 홀연히 피어난다
적막한 밤, 고즈넉한 뜨락에
달빛 별빛 모여 앉아서
석탑에 핀 귀꽃하고 소근거린다
장좌불와長坐不臥에 들어선 석탑도
귀를 열고 도란도란 얘기를 주고 받는다
지나는 바람이 들려준 사연
돌 속 깊숙이 잘 간직하였다가
외로운 이 찾아오면 들려주겠다고 한다.

# 안식

산사 대웅전 앞 7층 석탑이
범선의 돛대처럼 우뚝 서 있다
요동치는 풍파와 격랑에 휩쓸린다 하여도
등황전, 각황전, 전각전 선실을 뒤에 두고서
망망대해를 헤쳐나가는 듯 굳건하다
일주문에 닻을 내리고 세상 안락 기원할 적에
금강문의 나라연, 밀적 두 분 금강역사와
천왕문의 사천왕이 두 눈 부릅뜨고 내려다볼 제
마구니는 범접하지 못하고
동서남북의 날선 칼과 창이 바람을 가르니
용이 여의주를 품고서 구름 위를 난다
온 누리의 기운이 모아지는 터전
동방예의지국, 고요한 나라의 수호신이 될지어다
해름참, 뉘엿뉘엿 해 저무는 먼 봉우리
저녁을 맞이하는 안개와 어울려 쉬는 모습이
내게도 적적한 안식으로 젖어지이다
옴, 훔!

# 은혜

아무도 없는 길을 걸을 때
지평선은 아득하기만 했습니다
예고없이 닥쳐온 미망에 갇혀 버린 건
어름장 같은 말 한마디 듣지 못하고
발걸음을 돌렸기 때문이었습니다
고난을 헤쳐나갈 거라던 다짐은
차디찬 바람만이 부는 거리로 내몰려
낙엽처럼 흩어지고 말았습니다
그러다가 님의 인생응원가와 첫 만남으로
메말랐던 가슴이 뜨겁게 요동쳤고
길 끝에서 길이 열려지는 걸 보았습니다
강렬한 님의 눈빛과 마주쳤기에
빛을 만난 듯 그리되었습니다
지금 담담하게 서게 된 평온은
님의 은혜를 입고 있기 때문입니다.

# 노을에 물든 나

해질녘, 바람부는 빈 들판에
타는 노을만이 덩그렇게 남아 머뭇거린다
서쪽 산마루에서 밀려드는 땅거미가
내가 있는 곳까지 스멀스멀 밀려들고 있다
어둠에 잠기는 공간, 짙게 고인 외로움이
내 발걸음 붙잡고 매달리더니
집으로 가는 자드락길에 먼저 와
목을 늘어뜨리던 그림자를 휘감은 채
노을에 붉게 물든 몸뚱이로 서서
목마른 울음을 꺼이꺼이 터트리고 만다
벌건 철창에 갇힌 듯한 울음이 터지던 순간
울컥, 속마음이 고개를 내밀려 하기에
급히 갈무리하고선 서둘러 벗어난다
잠시 후 저녁 짓는 아궁이에 불씨를 넣고
문득, 고통에 몸부림쳤던 지난 흔적
불꽃 속에 넣은 채 하염없이 바라다본다.

# 겨울밤 나비의 꿈

함박눈이 인적 없는 가로등 조명을 받으며
무희처럼 춤을 춘다
만약, 함박눈이 나비가 된다면
어둠을 뚫는 날갯짓 펄럭이겠지
좌측으로 우우우 몰려가다가
금세 생각이 달라졌는지
반대 방향으로도 군무를 추게 될 거야
그러다 시린 골목길 위로 슬며시
지친 날개 내려놓고 숨 고르겠지
곧이어 하염없는 사연들이 내려와
자신의 그림자와 시나브로 포개지는데
어둑한 밤, 찬 공기 속을 훨훨 날던 나비는
허공에서 너울너울 춤을 추었는지 알까?
자신에게도 그림자가 있다는 걸 느낄까마는
겨울밤, 춤추는 나비의 꿈이
밤새 켜켜이 쌓였던 뜻, 그대는 알려나.

## 남루한 家長

퇴근하여 TV를 켜니
맛집 얘기가 눈길을 끈다
사람들이 요리를 맛나게 먹는다
음식값이 보통은 아니겠다 싶었지만
화면 속 식당 안이 정겹다
세월 속 고난을 털고
맛난 음식을 먹는 장면에 들어서고 싶던 순간
저리 먹고 다니다간
자식들 과외비는 어쩐다냐
전셋집 보증금도 오를 텐데 어쩐다냐
가족 외식 장소를 고를 때마저
마음 갈등이 있던 것이 엊그제 같이 흐른다
조금 더 절약해 골목길을 벗어나
아이들이 좋아할 아파트에 살자 마음 다잡으며
속절없이 앞만 보고 달릴 때,
아내가 내놓는 김치찌개에
그저, 소주 한 잔이어도 그만이었다.

# 어머니 달빛

적막에 묻힌 아파트 숲에
보름달 달빛이 감돌아 살펴보니
아들 향하는 어머니 마음이
아파트 벽면에 머물러 있었던 게다
겨울 끝자락 속, 힘겨움을 대신하려 듯
바짝 야윈 듯한 나목을 붙잡고
시린 미소, 아리게 흐른다
허공에 어른대던 눈구름 한 자락 다가오자
뒤뚱거리던 자식들 놓치지 않을까
애달픔에 눈구름 따라 기웃거린다
늦은 밤, 잘 쉬고 있을까 지켜보려는
간절한 어머니 모습인 게다
무엇이든 붙잡고서 한 번이라도 더 보고자
자애로운 달빛으로 찾아온 것을…
그 누구와 비교할 수 있겠는가.

# 달빛을 낚다

지리산 산자락 솔숲 사이사이로 흐르는
산중의 파도 소리가 은하수까지 철썩이자
고요를 익히던 별이 윤슬처럼 반짝거린다
문득 조월산방 뜰에 나와 낚싯대 드리우니
그만, 달빛이 낚여 내 가슴에 잡히고 말았다
놓아둘 곳 찾아 눈앞 허공에 걸어 두었는데
보일 듯 말 듯 가끔 내려와 나를 감싸 안는
너의 따뜻한 체온은 아직도 변함이 없구나.

# 기찻길

시계가 귀하던 시절,
기차가 오가며 시계 역할을 해냈다
광주에서 오는 저녁 통학열차가 도착할 때
바로 위 형이 태어나 울었고
내가 태어나자 서울행 첫기차가 출발했다
태어나 처음으로 들은 소리는
정말로 첫기차의 기적 소리였을까
그래서인지 기적 소리를 들으면 반갑다
저 멀리 소실점으로 사라진 기찻길은
내가 꿈꾸는 것들이 가득한 곳이다
사랑을 포기하지 말고 이뤄내라고
끝없는 평행선이 펼쳐져 있는 것이리라
기찻길이 나에게 설레임을 주었던 이유는
그 길 끝에 또다른 내가 있어 그랬을 거야
난 달리는 기차의 앞을 보고서야 알았다.

# 엄마

엄마는 기다림이 몸에 밴 걸까?
광주의 기숙사시절 중학교 2학년 때쯤
가끔 집에 오는 막둥이를 위했던지
비좁은 마당에다가 한 뼘 화단을 일구셨다
봉선화가 흐린 내 눈을 밝혀주고
땅꼬마 채송화가 내 가슴을 환하게 해주며
덜익은 참외는 대파 옆에 숨어 있었다
여름 한 철, 불같이 햇볕 따가웠을 때
주말 휴가를 얻어 영산강가 집에 들어서자
엄마가 마당 두어 걸음 가볍게 가시더니
화단에서 주먹만한 참외를 하나 따 오시며
훌쩍 자란 막둥이가 무척 장한 모양이다
"얼릉 묵어라, 우린 다 묵었응께" 라며
참외를 깎아주시면서 내 얼굴을 보신다
엄마는 그렇게 나를 보고 또 보셨다.

# 제3부

# 휘파람 소리

허전한 마음이 쌓여 뒤엉키며
새어 나오는 휘파람 소리
기쁠 땐 초승달이 눈웃음 짓게 하겠지만
울적할 적에는 허공 나지막이 올려보낸다
슬픈 소쩍새 같은 마음 다독여 보고자
한줄기 솔바람에 실어 본다
저기 멀리 흘러가는
구름에라도 닿게 하여 볼까 띄웠더니
외로이 흐르던 조각구름이
내 마음 아는지 눈짓한다.

## 퉁소 부는 사내

죽향골, 가사문학관 앞
어미 소 등에 옆으로 앉아
사내 홀로 퉁소를 불고 있다
온 천지를 얼어붙게 하는 겨울 한복판
살이 에이는 밤의 한기를 품은
겨울꽃을 온몸으로 송이송이 받으며
소와 함께 한결같은 자리에서
퉁소를 불며 망부석이 돼가고 있다
나라가 침탈당하여 넋이 혼미해지니
짓눌린 세월 속 한 서린 곡조
끊어질 듯 이어지던 무겁게 가라앉는 숨!
사랑하는 사람과 작별이 있을 때에는
마음을 어루만지며 위로하였다
상서로운 일이 있을 땐,
보드라운 바람결에 희소식 실어 보내고
풍년이 들어 사람들 살맛 나면
어깨가 들썩이는 춤사위 가락을 내었다
사계절 시간이 흐르는 가사문학관,
퉁소 부는 사내가 폭설과 폭풍우를 견뎌내며
우리 모두의 어깨춤을 기다리고 있다.

# 순이

순이네 집 마당 화단 가에
마치 네 살 순이가
색동저고리를 입은 것처럼
채송화가 이쁘게 피어 있습니다
아빠는 3년 동안 사막으로 떠나,
유난히 아빠를 따랐던 순이가
아빠를 찾는 짠하디짠한 모습에
엄마는 화단에 봉숭아꽃을 심었습니다
손톱에 봉숭아 꽃물을 들이면
꽃물이 지기 전에 아빠가 오신다며
순이랑 엄마와 함께 물들이기로 했답니다
엄마도 그리운 마음 간절하지만
그저, 어린 딸아이 순이를 지켜볼 뿐
채송화처럼 앙징맞은 순이는
꽃물 들인 손톱 보며 아빠를 그립니다.

# 해안가 풍경

먼바다 외딴 섬마을
남정네는 조각배를 타고 고기를 잡으러 나간다
아낙네들은 밭일을 하는 중에도
바다를 연신 쳐다보지만
뭐라고 내색할 수는 없다
함께 일하는 홀어미는 오래전에 청상이 되었지만
억척을 가장하며 자식을 품는 세월, 야심한 밤에
밤바다의 아픈 파도 소리에 눈물을 흘린다

오늘도 남정네들이 새벽 일찍 서둘러
떠오르는 해무리 바닷속으로 조각배를 띄운다
아낙들은 만선의 깃발을 달고 돌아오라고 애태우며
바람이 조금 셀라치면 소스라치는 가슴을 쓸어내린다

어제는 뒷집에서 제사를 지냈고
며칠 있으면 동네 서너 집에서 제사를 지내기에
이미 아낙들의 심정은 바다 밑 뻘밭이 되어 있었다
평안하게 보이는 노을 지는 해안가 마을에
애환 깃든 물안개가 노을빛에 물들어 간다.

# 외가댁 마을 연밭

외가 연밭
여름밤, 달빛을 안은 연꽃에
범접키 어려운 처연한 빛이 뿜어져 나온다
아비의 눈을 뜨게 하려는
심청의 절절한 목숨이 담긴 마음,
연못을 지나는 이들에게 전해지고 있는 게다
진흙밭의 썩은 연못이 좋을 게 뭐냐, 한다지만
흰빛, 분홍빛 연꽃은 대꾸하지 않고서
썩어가는 연못을 온몸으로 정화하며
진흙 속에서 꽃을 피우고 열매를 남긴다
매미도 한자리 차지한 마을 당산 터에
마을 사람들 서로 걱정해주는 대화면 만족한다
썩은 물 자신의 가슴에 담아, 맑은 물 내놓으며
차고 시린 겨울철을 이겨내면서도
모두가 웃는 날을 기다렸던 거였다
나는 그 이름난 공원의 화려한 연밭보다는
마을 사람들 이웃 되어 더불어 피고 지는
외가댁 마을 손바닥만 한 연밭에 더 마음이 끌린다.

# 천사가 소풍을 왔다

소록도 언덕 위에
단층 붉은 벽돌집이 바다를 보고 있다

청솔 그늘 밑 벽돌집은
이십대 후반의 두 천사가
오스트리아 하늘에서 소풍을 온 듯 찾아와
일흔 살이 넘을 때까지 천사날개를 펼쳤던 곳

한센인에게 43년간 사랑을 주고는
알프스 하늘 아래로 돌아가선 쉬고 있겠지
두 천사가 고향을 찾아 돌아갔던
알프스산자락 인스부르크 하늘엔
무지갯빛이 수놓아져 있을 거야

만약 두 분의 맑은 영혼이 다시 찾아온다면
은하수 물결을 가르는 조각배를 타고 와선
보석처럼 빛나는 별빛을 뿌려주시겠지
소록도 바다는 은하수 빛을 안고 반짝이며
파도 소리로 호응하게 될 거야.

# 나의 즉흥 환상곡

창을 투과하는 노을에
내 마음도 물들어 간다
물들어지는 건
오선지의 음을 따라가다가
불붙는 열정을 마주했기 때문이야
문득 젖어버린 가슴이
노을 음표에 묻혀
흑백의 건반 위로 미끄러진다
난 저무는 하루의 음률과 어우러지며
노을이 내민 손을 잡고 빙글 돈다
쇼팽의 느낌과 만나
환상곡 속에서 춤을 추고 있는 게지
피아노 주변으론 별빛이 깃들고
나의 즉흥 환상곡 속에 지친 하루가 쉬는데
그대에게 보내는 세레나데는
달빛을 찾아 흐른다.

# 무작정 떠난 사람

당신은 온다는 기별 없이
산들바람처럼 오시더니
가실 땐, 훌쩍 가버리고 마는구려

봄 손님은 새싹으로, 꽃피우며 다가오고
여름 손님은 폭풍우 비바람, 천둥번개 내리치며
거칠게 찾아옵니다
가을 손님은 메마른 낙엽으로 지쳐서 오더니
겨울에 오시는 손님은
앙상한 나뭇가지처럼 초라하게 오더이다

그러던 겨울, 삭풍이 눈 덮인 마을을 휘감던 날
당신은 무작정 떠나고 말았구려
당신 없는 들녘엔 차가운 바람만 울어대고,
내 마음 텅 빈 적적함에 비틀거리오

그대여, 함박눈이 소담스레 동구 밖 덮는 날,
그대 오시는 길, 하얀 눈꽃 밭에
첫 발자국 사뿐히, 사뿐히 내딛으소서.

# 외로울 때

왠지 허허롭다는 생각이 들 때,
더 진한 외로움 속으로 들어가련다
하루를 마감하다 망설이게 하는
노을 속 짙은 외로움을 만나러 가보자
주변 사람들과 함께하고 있음에도
혼자 섬이 된 느낌은 뭘까,
다음에 펼쳐지는 세상은 무엇일까

미적대는 노을이 점점 어둠에 잠겨 들고,
꿈속에 노니다 보면 동쪽에 해가 솟겠지
반복되는 일상 속에 출근하고, 일하고, 퇴근하고
텔레비전 앞에 있다가, 시집을 보다가
웃다가 울다가 외로워지는 거야

주변의 떠들썩한 무리 속에 있는 것보다
바람처럼 찾아오는 허전함이 좋아
망설임 없이 나를 찾는 고독이라면
소주잔에 부어 함께 하고프다.

# 까치밥

시골 마을 한적한 언덕에
고즈넉이 자리 잡은 감나무 한 그루 서 있다
가지가 휘어지게 감을 주렁주렁 달아 놓아
떫은 감을 따서 곶감 만들고, 홍시 만들고
새들 겨울 양식은 남겨 놓는다
까치 날아와 좋은 소식 전해달라는 뜻
서울로 일가신 아버지 오시는
반가운 소식 알려달라, 기다려지는 까치 소리
매달려 대롱거리는 감처럼
발갛게 익어가며 기다리는 아버지 소식
언덕집 굴뚝에 저녁 짓는 연기가 피어오른다.

# 빗소리

빗소리 듣는 밤, 나는 깨닫고 있다
비구름에 가려 별은 볼 수 없지만
하늘의 뜻을 땅 위에 전하고자
메말라 가는 땅에 촉촉이 젖어든다
빈혈을 앓고 있는 듯한 산야를 적시는
생명수를 마시는 숲이 다시 살아나고 있다
하늘의 자비를 전해주는 밤비에
비와 숲이 어우르는 화음으로
하늘에 답하며 피어오르는 감사!
적막 속에 퍼지는 선율이 감미롭다
새 생명의 하모니를 듣는 순간
나는 새로이 태어나고 있었다
빗소리에 사물이 답하는 모습을 보며
우주의 사랑에 흠뻑 젖어가고 있다.

# 신호등

빌딩 숲으로 우거진 도시의 대낮
차로에 자동차들이 빠져나가지 못하고 있다
사람들은 차에서 내려
대책 없이 핏대 세우며
서로 삿대질해대지만
꽉 막힌 도시 교차로에 발이 묶여
이러지도 저러지도 못하고 있는 거다
신호등이 제 역할을 하지 못해
도로에 가득 들어 차버린 차량들이
서로 빠져나가려고 아우성치지만
이미 꼬여버린 실뭉치처럼
얽히고설켜 풀어낼 길이 묘연하다
서로 뒤엉킨 아우성에
사거리 한 중앙에 있는 신호등은 황색 점멸로
부엉이 눈처럼 쳐다만 보고 있다
아니, 여기저기에서 부엉이 눈들이
이해할 수 없다는 듯 껌뻑거리고 있다!

# 해바라기

싸리 울타리 옆 해바라기
고개 숙인 채 일출을 기다린다
찬란한 햇살 비추면
얼굴을 들며 환하게 미소 짓겠지
해바라기는 하늘만 우러러보는 게
목이 아프지도 않은가 보다
먹구름이 빛을 가리고,
비바람이 휘몰아치지만
그래도 해바라기는 꺾이지 않고
고개 숙인 채 기도한다
먹구름이 언제 걷힐지 알 수 없다
내일의 운명도 알 수가 없으므로
어둠을 견뎌내는 기나긴 밤
수도자처럼 겸허히 기다린다.

# 어머니 등

대물림 가난이 쌓여
밭일, 집안일에 쪼그려 앉았던 어머니
삶의 짐 때문에
등이 구부러지고 말았네요
지팡이를 받치고 선 노송인 듯
하늘을 업은 등이 되버렸기에
주무실 때, 옆으로 누워야만 했나요
비바람을 이겨낸 세월에
노송의 피부가 갈라진 것처럼
거칠어진 손은 천사의 고운 손입니다
주름 깊은 얼굴은 웃고만 계시기에
난, 힘들다는 말은 입 밖에 내지 못하고
어머니의 굽어진 등을 보고 맙니다
가슴 아린 심정으로 자식들을 바라보던
시름 짓는 어머니
얼굴에 주름살 깊어졌나 봅니다.

# 어둠이 내린다

부끄러운 처녀의 얼굴처럼
홍조가 일었던 건
노을이 지나는 자취던가
연붉은 치맛자락 여민 발길이 부산하다
아직 훤한 날빛이 남아 있음에도
가족이 기다리는 집으로 향하듯
하늘거리는 옷자락이 서쪽 고개를 넘어간다
수줍은 발걸음이 사라져 간 주변엔
머루알빛 그림자 두 뼘 길어지고
들새들도 숲을 찾아 날아가는 해거름
동네 어귀에 뛰놀던 개구쟁이 찾는
밥 먹으라는 소리가 들녘에 퍼진다
날빛이 스러지는 산자락부터
슬겅슬겅 어둠이 내린다.

# 집

주택 가격이 치솟자
전세가마저 정신없이 펄쩍펄쩍 뛴다
새로 이사할 집을 찾지 못한 서글픔이
비 내리는 뒷골목 담 밑, 강아지처럼
서럽게 젖어 눈물처럼 흘러내린다
비 그치고 난 뒤, 집 한 채 지고 가는
달팽이의 여유로운 걸음걸이를 본다
남 부러워한 적은 없지만,
너만큼은 부러워할 만하다
살던 집의 계약기간이 끝나가자 집주인은
보증금의 반절을 더 올려 주지 못하면
다른 곳 찾으라며 냉기를 풀풀 풍긴다
달팽이처럼 집이 있다면
서러움은 면하여 발 뻗고 자겠지
퇴근 후 자전거에 몸을 싣고
낯선 골목길 누벼봐야겠다.

## 아버지 도시락

점심 무렵, 창고 안에서
한 사내가 짐을 정리하고 있다
창고 문 앞, 늦가을 찬비 속에 서 있는
트럭을 보던 사내는 어깨를 툭툭 털며
양은 사각도시락을 꺼내어
식은 뚜껑을 연다
쌀알보단 보리알이 더 많은 도시락에
대각으로 누워있는 젓가락을 집어
찬밥 한 덩이를 입에 넣고
총각무 한 쪽을 베어 문다
그는 화물 트럭에 있던 짐을 내리고
다른 지역으로 가는 짐을 올리는
정기화물 회사에서 일을 하기에
식솔들은 따뜻한 밥을 먹는다
도시락 찬밥을 한 젓가락, 한 젓가락 넣을 때마다
비를 맞는 화물차와 가족 얼굴이 번갈아 스친다
일 마치고 집에 돌아가면 아이들이 달려 나오겠고,
온 가족이 저녁상에 둥그렇게 둘러앉겠지.

## 엄동설한 피는 정

겨울 들판에서
아이들이 썰매를 타고 있다
누렇게 바래고 여기저기 꿰맨
낡은 옷을 입고 있는 한 아이
콧물이 흘러나오면 '후룩'하고 들이키며
마을 입구 삼거리를 보고 있다
아버지가 오신다는 게, 행여 오늘이려나
놀면서도 시선은 마을 입구로 향한다
저기 동구 밖 언저리
가방 든 어른 모습이 보인다
아이 가슴에 쿵쾅 방망이질,
울 아부진가?
마음은 벌써 그곳으로 달려간다.

# 제4부

# 화형식

파도가 차갑게 뒤척이는 겨울 바닷가에
마른 장작 엇갈리게 쌓아 놓고
좁았던 가슴에 불 지피니
하늘 꽃이 나풀나풀 찾아든다
이제, 타인에게 해가 되는 허물을 끄집어내
주황빛깔이 손짓하는 잉걸불에 떨치자
헛꿈들이 사그라지며 작별의 손을 흔든다
불꽃처럼 확실하게 살고자 하여
부끄러운 내 허울을 화형식하는 것이다
너울너울 살풀이 춤추듯 나를 비워내고
또 다른 나로 다시 태어나리라.

# 광대

공연 중 틈새의 짤막한 시간
관객들에게 잠깐잠깐 웃음을 선사한다
진하게 분장한 화장,
자신의 얼굴을 감추고 지루하지 않게 해야 한다
삐에로는 웃지만, 그 너머에 내가 울고 있다
나의 얼굴을 보여 주지 않고
가면 뒤에 숨어 있는 게
차라리 편할지도 모른다
민낯 얼굴이었다면,
왜? 넌 우스꽝스러워야 하는데
슬프고 화난 표정을 짓느냐며 말할 것이다
너는 웃겨야 한다며 비웃고 있는 눈동자
그들이 보고 있는 무대에 내가 있었다
그렇다, 나는 삐에로였다
분장하고 있지 않아도, 나는 광대였다.

# 사내

젊은 날, 온 몸뚱어리 던지듯 살았었지
그게 세상사는 전부였던 시절이었어
더 넓고 평안한 곳에 살아보자는 염원으로
힘든 일 마다않고 뛰어들어 달렸어
어떤 어려움이 밀려들더래도
가족과 더불어 살고 싶은 일념이었지만
한순간, 그만 넘어져 좌절하고 말았어
한참 일어서질 못했지

산중의 신선한 기운 덕분인지
다시, 몸을 일으켜 걷고 있어
팔을 휘저으며 허우적대기도 했지만
지금, 사내는 여유를 찾고 있어
새벽길을 한 걸음, 한 걸음 내딛는
쓸쓸한 모습이 보이기도 하지만.

## 눈물방울

그가 마지막 밤차로 떠나며 했던 말이
가슴에 차디차게 식은 채 멍울져 있다
너를 생각할 게, 너만을 그리며 살아갈 게
흘리던 눈물, 그게 무언지도 모르고
시간만 흘려보내고 말았다 바람처럼
그를 떠나보낸 길을 걷다가
문득, 가로등 불빛을 본다
밤늦게 적막을 타고 찾아온
내 마음 멈춰버렸던 그 시절이 보인다
밤안개 내려앉는 걸 보고서 그제야 느낀다
아무 생각 없이 가로등 불빛을
멀거니 보고 있을 때
불빛 속에 한 자락 멈춰져 있는 걸 보는
내 가슴이 뒷걸음질 쳤다
가슴 깊이 고인 눈물방울이
옛 사연을 부르고 있기 때문이다.

## 비 오는 날

먹구름 끼더니, 는개 흩날린다
가슴속에 남겨진 기억이 다가온다
점차 굵어지는 빗방울 너머로
스치는 영상이 문득 파노라마로 펼쳐질 때
추억이 신기루처럼 나타나 내게 하는 말
왜 그렇게 힘이 없는 거니?
피식 웃음 떨구며 가던 길에
빗방울이 투두둑 투둑 우산을 때린다

40여 년 전, 그대와 걷는 우산 아래,
내 어깨 한쪽이 비에 젖을 때
우산 속으로 끌어들이는 그녀의 체온
순간 움찔했던 기척, 내색하진 못했지만
굵어진 비가 고마웠던 풋풋한 시절이었다

이젠 책갈피 속, 비 오는 날의 추억으로 남아
그대와 나의 옛 사연을 꺼내어 본다.

# 연탄난로처럼

사무실에 연탄난로가
홀로 벌겋게 달아오르며
살얼음 공간을 데우고 있다
움츠린 나에게 온기를 주는 난로에
내 가슴속 꿈 또한 타오르고
서로에게 따스한 눈빛 나눌 날을 꿈꾼다
차고 매서운 바람에 흔들리는
회색빛 영혼이 길가에 흐트러질 때
나는 따뜻해진 나의 가슴으로 외치리라
아직 그대와 난, 꿈이 남아 있기에
부둥켜안으며 견디자고 하리라
연탄이 스스로 몸을 태워가듯
벌건 가슴으로 타올라야 하리라고,
여기가 종착지는 결코 아니니
여기서 꿈꾸기를 멈춰서는 안 되는 것이라고!

# 청춘

진공 상태 같은 좁은 방
사물들이 거꾸로 매달린 채 아우성친다
모든 세상에 거리를 두며 가슴 앓던 한철,
악몽 같은 몸살에 시달렸으나
명징한 아침을 힘껏 껴안는다
이제 그대는 언제든 제 몫 해낼 터
툴툴 털어내고 가슴 쫙 펴야 한다
자신을 옥죄었던 가림막일랑
스스로 터트리고 헤쳐나오라
젊은 그대의 청춘이 타올라
언젠가는 모두 태워지고 남은 한 줌 재,
세상에 반납하는 것이리라, 미련 없이
꺾이지 않는 그대는 모닥불 같은 것이었기에
먼 훗날 부끄럼 없는 삶의 흔적을 남긴다면
지나간 그대의 청춘에게 훈장이라 하리라.

## 첼로

가문비나무는 오래전에 죽었는데
바람이 지나가는 시간 속에 누웠다가
하늘의 생명으로 단풍나무와 어우러져
첼로는 새로이 태어났다
달빛을 품은 굵고 온화한 음으로
보듬어 안아 기쁨을 내어 주기 위함이리라
바짝 말라가던 나무가 볼로냐에서 새 생명을 얻어
은하수 별빛처럼 아련한 저음을
꿈에 안기듯 그대에게 전해 주련다
저음역의 자애로운 선율 되어
묵직하면서도 부드러운 음색으로
꿈꾸는 영혼의 소리로 다시 태어났다
그대의 공허한 마음에 활기를 채워 넣는
새로운 심장 박동, 나지막이 전해 주고자
몸을 깎아내고 불에 달궈지는 고통을 이겨내었다
사랑의 울림을 내어놓고자 고통 속으로 몸을 던져
첼로로 다시 태어난 것이기에
그대 가슴에 단비가 되어 촉촉이 스며드리라.

# 테이블 두 개

50여 년 자리를 지킨 선술집에
사람들 북적일 때나 한적할 때나
함께해온 테이블 두 개가 있다
지나가는 사람들의 애환과 설움 담긴
삶의 이야기를 들어 주는 것이다
뭐라 위로하고도 싶지만, 편히 말하라며
묵묵히 듣고 수긍하며
나그네 지친 마음 받아들인다
가끔 들르는 고독한 이들에게도
반기는 테이블은 이미 자리를 비워두었다
힘겨웠던 사연, 털어내고 가라며
차분한 표정으로 마주한다
가슴에서 하는 말 아무에게도 전하지 않으리
비 오는 날에도 힘겨운 마음과 함께하고자
덩그러니 서서 기다리고 있는 테이블 두 개.

# 붉은 고추가 매달렸다

맵기만 한 땡볕 여름
집 옆 산밭에 어김없이
붉은 고추가 매달렸다
곧 따내어 바싹 말려야지

말린 뒤엔 입동에 김장하고
사랑방에서 마을 벗들과
손으로 죽죽 찢은 싱싱한 김치와
붉은 고추 띄운 동치미를
물고구마와 함께 먹던 추억이
보름달같이 흐뭇하게 떠오른다

비와 햇볕, 흐르는 바람
그리고 흙과 함께 보냈던 시간
고추가 공생의 깨달음을 얻은 듯
당당하고 스스럼없이 매달려 있다.

# 안경

모두가 기울어진 모습으로 보인다
오가는 사람들 기우뚱하게 걷고,
반듯이 서 있어야 할 건물도 흔들리는 게
모두 취해 버렸을까
어이, 지나는 사람들이여
반듯하게 서 있어야 할 건물들이여
누가 그대들을 취하게 해버렸을까
지나는 차들도 이리저리 휘청,
답답하여 안과에 가 보았더니
안경을 하나 써 보라는 권유
안경을 맞추어 썼더니
모든 게 반듯하게 보이고,
안경을 벗었더니 모두 흔들거린다
오호라, 세상이 술 먹고 있다!
안경을 벗은 내가 술 먹고 있다
안경이 마술을 부리는 건가?

# 가을이 익어가는 시간

동네를 끼고 도는 산자락 아래
정순네 밭에 호박이 맺혀 있다
짓궂었던 잦은 가을비에
아직 덜 여문 호박이 물러져 버리려나
비 오는 날, 따끈한 부침개가 생각나
동생들을 위해 부침개를 지져 보려
작은 호박 두어 개 따서 오던 길에
옆집 숙이에게 부침개 하라며 하나 건넸더니
언니네 드시라고 손사래 치며
마당 감나무에 흐르는
가을이 익어가는 시간 속으로 들어가 버린다
밭두렁에 무르익어 가는 호박들,
물러버리기 전에 따야겠다는 조바심이 들지만
우선, 숙이네에 부침개 한 접시 가져다줘야지.

# 골목

한적한 골목 안에 갓난아이 울고
개구쟁이 재잘거리며 노는 소리,
아낙네 빨래방망이 두드리는 소리가 울린다
“기장떡, 정서방 언제 온당가?”
“메칠 있으믄 올테제”
기장떡네 정서방은 먼 지방으로 일하러 갔다
태어난 지 막 백일 지난 아이는 배고픈지 울고
서너 살 된 개구쟁이는 아빠 보고 싶다 칭얼댈 때,
서방님 언제 오시려나 답답함에
방망이로 빨래만 세차게 후려친다
저 여편네는 뭣 땜시 서방 말을 해대서는, 하며
보고 싶고, 그리운 마음 잊어보려
방망이질을 쉬지 않고 한다
옆집에서는 아이들이 엄마에게 아우성이다
“엄마, 엄마 오늘 저닉에 수제비 칼국수 묵어불자”
“어이그 썩을 놈 알것다 알것어”
옆집에 미안한 마음인지 핀잔주는 척 주억거린다
앞집 옆집 한 양재기씩 돌려야지
골목 안 여러 집이 오밀조밀 붙어있어

옆집, 앞집, 뒷집 숟가락 젓가락 소리가
섞여 들리는 골목의 정이 시나브로 흐른다.

# 아버지 병실

희뿌옇게 동이 터오는 걸 보며
사흘째 잠들지 못한 육신이
병실 보호자 침상 위로 무너졌다
아버지 허리와 다리에 핀을 박은 병실엔
살고 자는 갈망이 켜켜이 쌓여있다
온 힘을 다해 갯바위에 부딪쳤던 파도가
그곳에서 생을 마감하듯
허옇게 피워냈던 삶이었다
풀잎에 생을 피워 낸 이슬처럼
곧 햇빛에 사라진다는 것도 알아버린
아버지의 말 없는 삶도 이와 같았을 거다
때로는 파도였다가 꽃송이였다가
결국은 바다와 나무와 꽃잎만 남겨 두고
돌아가기는 아직이란 여운이 차곡차곡 쌓여있다
꽃송이에 핀 이슬이, 말라버린 아픔처럼 찾아든
이승과 저승이 머무는 병실 공간에서
신음마저도 삼켜내며 견디고 있다.

# 어떤 사내

좁다란 언덕길 골목 맨 끝에
허름한 집 한 채가 덩그러니 있다
문은 오래되어 삐그덕대는 소리 요란하고
부엌 딸린 단칸방 하나가 서글퍼 보인다
노을이 마루를 감아 돌며 주홍빛 색칠할 때
한 사내가 붉게 물든 마루에 웅크려 누워 있다
머리 위쪽 가방은 옆으로 쓰러져 있고
뒷주머니에서 빠져나온 지갑은
혼이 나가버린 것처럼
멀거니 입을 벌린 채 널부러져 있다
왼 양말 엄지발가락은 햇볕 좇아 기웃거리고
오른 양말 뒤꿈치는 굳은살이 내밀었다
고개 오르기 전, 탁주 한잔 마셨을까
헝클어진 머리로 쓰러져선 어깨만 가끔 들썩인다
회사에서 해고당한 뒤 새 직장을 구하지 못했을까.

# 추모

부모에게 사랑받던 자식이자
함께 일했던 동료이며
존경받아야 할 선생님이었다
나는 선생님 49재 영전에
허연 국화 한 송이 놓아두다가
세상이 멈춰 버린 듯
멍한 가슴으로 우두커니 서고 말았다
그저 묵묵히 버텨냈던 서이초, 호원초 선생님!
길을 안내하였을 뿐인데,
올바른 길을 가리켰을 뿐인데,
아동학대 폭력교사가 되고 말았다
손가락질하며 협박하는 그들은
도대체 이유가 뭘까
한 번 따져보지도 못하고 허덕였던 숨결
가슴 앓다가 젊디젊은 생을 놓아버리고 만 교사
왜일까?

# 마른 호박넝쿨

이틀 동안 찬 바람이 불었던 11월 중순
따사로운 햇살이 늦가을의 눈치를 보고 있다
아무도 없어, 소리마저 멈춘 공간에
옆집 토방 위에 무심한 듯 엎드려 있는 개 한 마리
눈꺼풀이 무거워 가물거리고 있다가
흠칫, 빠른 걸음이 지나는 기척에 놀랐던지
자지러지게 짖는 소리가 적막한 공간을 뚫는다
주인 없는 적적한 마당가 흙담엔
늙은 호박넝쿨이 담장을 붙잡고 있다
낮잠 자고 일어난 개구쟁이가 눈을 부비더니
담장을 붙잡고 있던 마른 호박넝쿨을 본다
순간, 발딱 일어나 막대기 하나 들고
말라버린 늙은 호박넝쿨을 향해
낮잠 꿈속의 적을 물리치려는 듯
길고양이처럼 소리내며 다가가는 모습을
늦가을 하늘이 무심히 내려다보고 있다
나의 인생도, 시절 지난 마른 호박넝쿨처럼
겨울을 향해 떠밀려 가고 말 것이려나.

## 나는 무엇일까?

- 체육중학교 시절을 떠올리며

중학생 때, 새벽길을 타닥타닥 달릴 때면
옆에 다가온 조무래기 시절도 나와 함께 달렸다
턱밑까지 헐떡헐떡 숨차던 달음박질
멈추고 싶은 유혹이 가득 채워질 즈음,
떠오르는 가난한 어머니 모습
이내 그마저도 헐떡이는 숨 가쁨으로
길가에 흩어져 버렸다
달음박질의 끝은 보이질 않고,
앞날을 기약할 수 없었던 일상의 안개
모두 함께 헉헉대던 순간에 혼자라 느낀 건
나는 무엇이고 누구인가란 상념 때문이었다
결국, 평범함이 아름답고 행복할 거라는
순간순간 떠올랐던 힘든 중학생 시절
이제, 그 또한 지나버린 지 오래되었다.

작품론

# 슬픔을 건너는 방식과 자연과의 교감방식

강 경 호
(시인, 한국문인협회 평론분과 회장)

# 슬픔을 건너는 방식과 자연과의 교감방식

- 김기완 시집 『슬픔을 헤아리며』

강 경 호

(시인, 한국문인협회 평론분과 회장)

1.

서정시는 시인의 정신이 지향하는 가치를 추구하기 위해 상상력을 발현한다. 그러므로 시인만의 개성을 드러낸다. 그러나 시는 말하는 방식의 새로움으로 언어를 직조하기 때문에 형식 또한 새로워야 한다. 그런 까닭에 시를 언어예술이라고 하는 것이다. 정신적으로 지향하는 바를 언어를 통해 형상화시키는 것이 시이기 때문에 정신성과 언어가 조화와 균형을 유지해야 한다.

김기완 시인의 시집 『슬픔을 헤아리며』는 시인의 정신성이 고스란히 나타나 있다. 첫 시집은 시인의 시적 방향성을 가늠해 볼 수 있다는 측면에서 첫 시집 『슬픔을 헤아리며』는 김기완 시인의 시의 향방을 보여준다. 그의 정신성이 바라보는 지점은 크게 네 가지로 말

할 수 있다. 첫째 많은 시인들의 첫 시집에서 나타나는 것처럼 유년의 삶과 가족사를 통해 지난한 삶과 순수했던 시인들을 반추함으로서 아름다운 삶을 향해 나아가고자 하는 의지를 표명한다. 그리고 자신이 체험한 생의 서사와 주변의 에피소드에 깃든 슬픔의 모습을 형상화하고 있다. 이를 어떻게 극복할지에 대한 사색들이 이번 시집의 주요 질문이다. 또한 그의 시가 지향하는 한편에는 자연을 시인의 사색의 영역으로 끌어들여 때묻지 않은 자연의 순수성을 노래하거나 완전한 존재로서의 표본으로 삼은 자연을 인간의 삶에 적용시키고 있다. 김기완 시인의 또다른 시적 관심사는 중심으로부터 이탈되어 소외된 사람들의 삶을 드러내며 따스한 눈길로 살피는 이른바 휴머니즘 구현의 시학을 보여주고 있다.

이렇듯 김기완 시인의 『슬픔을 헤아리며』는 시인 자신은 물론 우리 사회 곳곳에 내재해 있는 슬픔을 극복하고 자연을 거울삼아 보다 나은 인간으로 살고자 하는 시인의 의지가 깃들어 있다. 더불어 우리 사회의 어두운 그늘을 드러내어 그것들에 대해 질문하고 그 대답을 구하고자 한다. 이러한 김기완 시인의 정신적 지향을 극명하게 형상화시킨 이번 시집은 앞으로 그의 시세계를 이끌어가는 에너지가 될 것이며, 결과적으로 휴머니즘 구현을 통해 유토피아에 이르고자 하는 과정을 위한 출발이 된다는 측면에서 매우 의미있는 일이라고 할 수 있다.

2.

앞에서 밝혔듯이 첫 시집에서는 대부분의 시인이 가족사를 통해 자신의 유년과 가족사를 형상화시킨다. 이것으로 볼 때 가족사는 시의 출발점으로 작용하는 경우가 많다. 수십 년 간 함께 했던 가족에 대한 애틋함이 시인의 마음속에서 중심 심상으로 작동하기 때문이다. 그것은 혈연으로 맺어지고 함께 삶을 보냈기에 정서적 공동체로 많은 시적 자양분이 된 까닭이다. 김기완 시인의 가족애를 보여주는 작품은 시인 자신이 처음 가족을 떠나 살며 가족에 대한 그리움이 많은 10대에서 출발한다.

엄마는 기다림이 몸에 밴 걸까?
광주의 기숙사시절 중학교 2학년 때쯤
가끔 집에 오는 막둥이를 위했던지
비좁은 마당에다가 한 뼘 화단을 일구셨다
봉선화가 흐린 내 눈을 맑혀주고
땅꼬마 채송화가 내 가슴을 환하게 해주며
덜익은 참외는 대파 옆에 숨어 있었다
여름 한 철, 불같이 햇볕 따가웠을 때
주말 휴가를 얻어 영산강가 집에 들어서자

엄마가 마당 두어 걸음 가볍게 가시더니
화단에서 주먹만한 참외를 하나 따 오시며
훌쩍 자란 막둥이가 무척 장한 모양이다
"얼릉 묵어라, 우린 다 묵었응께" 라며
참외를 깎아주시면서 내 얼굴을 보신다
엄마는 그렇게 나를 보고 또 보셨다.

-「엄마」 전문

고향인 나주를 떠나 광주에서 중학교를 다닌 시적 화자는 학교기숙사에서 생활하였기 때문에 날마다 집에 가지 못하고 가끔씩 집에 다녀가곤 했다. 막내를 객지에 보내놓고 엄마는 아들을 기다리곤 하였다. 어머니는 "가끔 집에 오는 막둥이를 위했던지/비좁은 마당에다가 한 뼘 화단을 일구셨다"에서 짐작할 수 있듯이 시적 화자인 막둥이는 꽃을 좋아했나보다. 화단을 일구는 어머니의 애틋한 마음을 읽을 수 있다. 그 꽃을 보며 시적 화자는 "봉선화가 흐린 내 눈을 맑혀주고/땅꼬마 채송화가 내 가슴을 환하게 해주"었다고 한다. 또한 주말 휴가를 얻어 집에 가면 엄마는 "화단에서 주먹만한 참외를 하나 따 오시며" "얼릉 묵어라, 우린 다 묵었응께" 하시며 훌쩍 자란 아들을 기특하게 바라보시곤 하였다.

인간은 어린 시절의 추억을 평생 간직하며 살아간다. 유년기, 또는 소년기라는 짧은 시간 속에서의 인상

깊은 서사는 잊혀지지 않으며 시시때때로 기억을 되살려 즐거운 에너지로 활용된다. 바로 이 지점에 '서정'의 힘이 있다. 서정抒情은 자신의 감정과 정서를 환기시키는 작용을 한다. 서정을 다르게 말하면 '좋은 감정'을 뜻한다. 시적 화자는 세상을 살아가면서 중학교 다니던 시절의 따스한 모정을 가슴에 품고 어머니의 따스한 마음을 통해 가슴이 훈훈해지고 삶이 어려울 때 보다 나은 인간으로 나아가게 하는 힘이 되고 있음을 이 작품은 보여주고 있다.

김기완 시인의 시편들에서는 중학교 시절과 어머니라는 시적 대상이 자주 출현한다. 「나는 무엇일까?」는 부제로 '체육중학교 시절을 떠올리며'가 붙여져 있다.

> 중학생 때, 새벽길을 타닥타닥 달릴 때면
> 옆에 다가온 조무래기 시절도 나와 함께 달렸다
> 턱밑까지 헐떡헐떡 숨차던 달음박질
> 멈추고 싶은 유혹이 가득 채워질 즈음,
> 떠오르는 가난한 어머니 모습
> 이내 그마저도 헐떡이는 숨 가쁨으로
> 길가에 흩어져 버렸다
> 달음박질의 끝은 보이질 않고,
> 앞날을 기약할 수 없었던 일상의 안개
> 모두 함께 헉헉대던 순간에 혼자라 느낀 건
> 나는 무엇이고 누구인가란 상념 때문이었다
> 결국, 평범함이 아름답고 행복할 거라는

순간순간 떠올랐던 힘든 중학생 시절
이제, 그 또한 지나버린 지 오래되었다.

-「나는 무엇일까?」 전문

서정시에서 공간성은 특별한 감각을 지닌다. 이 작품에서 물리적인 시간 개념인 중학교 시절은 체육중학교라는 특수한 시공간이 전제된다. 짐작하건데 체력단련을 위해 열심히 달리기를 할 때면 "턱밑까지 헐떡헐떡 숨차던 달음박질"을 "멈추고 싶은 유혹"이 있었을 것이다. 그러나 포기하는 일은 자신의 꿈을 놓아버리는 일이 될 것이다. 그런 순간 가난하게 살아가면서도 자식을 위해 희생하는 어머니를 떠올리면 달음박질을 멈추고 싶은 유혹을 물리치게 하였으니 어머니의 위대함과 어머니를 생각하는 어린 중학생의 마음이 아름답다. 중학생이라면 아직 어린 소년이지만 "앞날을 기약할 수 없었던 일상의 안개" 즉 가난한 집에서 태어나 자신의 꿈을 실현시켜야겠다는 의지가 꺾일 때마다 '어머니'라는 존재가 갖는 위대함이 시적 화자에게 희망의 메시지처럼 다가오는 것이다. 즉 '중학생' '어머니' 그리고 그것들의 배경인 '가난'이라는 공간성이 시적 화자를 성장시키는 에너지로 작용하고 있다. 다시 말해 아직 중학생이라는 어린 시절의 공간성과 아들의 미래를 위해 온갖 궂은 현실을 극복하려 하는 '어머니'

라는 신분의 공간성, 그리고 가난한 집안이라는 공간성이 서로 부딪치거나 서로 동화되면서 체육중학교 학생인 시적 화자에게 "나는 무엇이고 누구인가란" 무거운 상념에 빠지게 했음을 알 수 있다. 그러므로 어려운 시절이 지난 수십 년 후 시적 화자는 중학생 때의 자기 정체성에 대한 회의들이 마침내 자신을 성장시켰고 오늘의 자신을 키웠음을 회상하게 한다.

이밖에 어머니를 시적 주제나 제재로 삼은 작품으로는 「어머니의 등」, 「어머니의 달빛」 등이 있다. 이처럼 시인이 어머니에 대한 애틋함을 보인 시편이 많은 것으로 보아 어린 시절 어머니께서 시적 화자에게 특별한 존재였음을 상기시킨다.

「어머니의 등」은 세월이 많이 흐른 후 가족을 위해 헌신한 구부러진 등을 형상화하고 있다. 밭일, 집안 일 때문에 쪼그려 앉아있기만 하여 노년에 등이 굽은 것을 시적 화자가 가슴 아프게 바라보는 시선에는 연민과 사랑이 깃들어 있다.

「어머니의 달빛」에서는 시적 정황으로 보아 어머니가 돌아가신 후 아들에 대한 그리움으로 아들이 사는 아파트를 보름달 달빛으로 나타나 엿보시는 것으로 짐작된다. 그저 보름달이 비추는 것이지만 시적 화자는 "늦은 밤, 잘 쉬고 있을까 지켜려보려는/간절한 어머니의 모습"이라고 인식하고 있다. 어머니를 그리워하는 시인의 애틋함이 달빛조차 어머니의 눈길로 바라보고 있어 온기가 느껴진다.

아버지를 형상화시킨 작품들도 눈에 띈다. 「엄동설한에 피는 정」과 「아버지의 병실」이 그것들이다. 「엄동설한에 피는 정」은 유년의 아버지이고, 「아버지의 병실」은 노년의 아버지이다.

「엄동설한에 피는 정」은 가난한 시절인 유년이 시적 공간이다. 일하러 객지에 간 아버지일까? 아니면 무슨 사연이 있어 집을 떠난 아버지가 돌아오시려는지 마을 입구 삼거리를 시적 화자는 주시한다. 그때 가방을 든 어른이 나타나자 가슴이 뛴다. 가방을 든 어른이 아버지인지 작품에는 나타나 있지 않지만 "울 아부진가?" "마음은 벌써 그곳으로 달려가 버렸다." 아버지를 기다리는 시적 화자의 마음에서 훈훈한 가족애가 넘치는 작품이다.

「아버지의 병실」은 시인의 실제 아버지인지는 알 수가 없지만 '아버지'라는 존재에 대한 시적 화자의 인식 태도가 드러나 보이는 작품이다. 허리와 다리에 핀을 박은 아버지를 간호하는 시적 화자는 사흘째 잠들지 못하다가 병실 보호자 침상에서 잠이 든다. 파도치는 바다로 비유되는 세상을 견딘 위태로운 아버지의 삶을 생각하는 시적 화자는 "이승과 저승이 머무는 병실 공간에서/신음마저도 삼켜내며 견디고 있"는 아버지를 안타깝게 지켜보는 모습에서 삶의 본질을 묘파하고 있다.

살펴보았듯이 어머니와 아버지라는 생명의 근원에 대한 시인의 가족애, 또는 애틋한 마음이 안타깝지만 삶의 에너지가 되고 있음을 잘 형상화시켰다.

3.

김기환 시인의 시편에서 쉽게 만나는 슬픔의 정서는 겉으로는 정신적 고통의 표지로 나타난다. 눈물, 고난, 가난, 눈시울, 작별, 어둠, 상흔, 한, 피눈물, 애환 등의 시어 구사가 말해주듯 고통스러운 감정들로 점철된다. 이렇듯 인간의 삶에서 슬픔의 정서는 곁을 떠나지 않고 함께하고 있다. 그러므로 존재의 실존 과정을 '생로병사'라고 한 것이리라.

그러나 슬픔의 정서는 인간의 삶을 이끄는 힘으로 작용하기도 한다. 슬프다고 마냥 고통스럽게 살아가는 것이 아니라, 슬픔을 바탕으로 그것을 극복하고자 하는 의지를 갖기 때문이다. 김기완의 시편들에서 슬픔은 곧 에너지가 되어 자신을 이끄는 역동성을 보여준다.

밤하늘에 수놓아진 은하수 윤슬이
유성 같은 눈물을 뚝뚝 떨군다

먹구름 아래 바람이 소용돌이치고
달도 숨은 적막한 길에서 한 나그네가
탐욕에 몸부림치는 세상 꼴을 보고 말았음이라
하늘, 삼천대천세계가 내려다보는 것도 모른 채,
어찌하여 손아귀를 쥐려고만 하는가
어두운 세상 속 유희를 찾는 너희는
타인의 슬픔은 알 수 없다고 하겠으나
별의 눈길은 피할 수 없음이라
실존의 슬픔이 쌓이다 보면 서로 힘이 되어
고난을 이겨내리란 걸, 모른다 하려는가?

슬픔을 직시하는 하늘, 인간이 알기엔 미약하기에
오늘도 부질없이 파도치는 가난한 마음의 나,
가만히 내려놓고 무심코 두고 보리라.

-「슬픔을 헤아리며」 전문

이 작품에서 '나그네'는 세계를 바라보는 관찰자이다. 나그네는 '먹구름' '소용돌이바람' '달도 숨은 적막한 길' '탐욕에 몸부림치는 세상' '어두운 세상 유희를 찾는' '타인의 슬픔을 모르는' 이러한 인간세계를 들여다보고 있다. 나그네가 바라보는 세계는 탐욕으로 가득찼고, 세상을 손아귀에 쥐려고 하는 자들이 살고 있는 어두운 세상이다. 그러므로 "밤하늘에 수놓아진 은하수 윤슬이/유성 같은 눈물을 뚝뚝 떨"구는 것일게다. 이 작품에서 '은하수'와 '먹구름 낀 세상'은 서로 대척점에 있다. 흔히 대중적 상징으로써 '천상'과 '지상'은 선계仙界와 인간세계로 나눈다. 선계인 하늘나라는 천국이며 지상은 세속적인 세계로 인간의 한계를 나타낸다. 이러한 상황에서 인간은 고통스럽게 살아가는 존재로 슬픈 존재일 수밖에 없다. 그것은 "하늘, 삼천대천세계가 내려다보는 것"을 모르기 때문이라고 시적 화자는 인식한다. 이는 불교적 관념에서 말하는 것이기는 하지만, 하늘 아래에서 살아가는 협소한 인간의 세계관을 시적 화자는 말하고 있다. 하늘이라는 넓은 세계를 알지 못하는 인간의 슬픔을 삼천대천세계三千大千世界를 알고 있는 나그네의 눈에는 선명하게 보여지는 것이다. 그러므로 "슬픔을 직시하는 하늘, 인간이 알기엔 미약하기에/오늘도 부질없이 파도치는 가난한 마음의 나"라고 시적 화자는 성찰의 태도를 드러내는 것이다.

위의 작품은 미약하고 아둔한 존재가 인간이라는 관념을 시인의 시선으로 풀어헤치고 있다. 이에 반해 다음 작품 「슬픔은 힘이다」는 구체적인 에피소드를 통해 인간의 슬픔을 묘파하고 있다.

영산강으로 넘어가는 고갯길,
고향의 탯자리와 함께 해왔던
늙은 소나무를 그악스런 칡넝쿨이 감고 있다

솔향기 솔바람 다 내어준 수호신이었던 그대의 몸을
숨도 쉬지 못하게 옥죄는 압박으로 인해
세상과 작별하고야 마는 날이 왔음에도
원망하지 않는 의연한 모습이 아리게 한다
그대가 쓰러진 고갯길에 진눈깨비 흩날릴 때
그대를 기억하는 뭇 생명들은
어미 잃은 아이처럼 황량한 들녘을 헤맬 터
여름 폭풍우 장대비 몰아치면
숲은 발가벗겨진 벌건 알몸으로 드러나
어둠에 삼켜지는 그대의 사리를 보고 말 것이다
결국, 나는 흩어지는 상흔을 바라볼 수밖에 없는
안타까이 일렁이는 가슴 안고
처연히 잠겨드는 영산강 노을 너머로 걸어가리라
슬픔이 켜켜이 쌓인 아리랑 고갯길
고난이 스스로 힘이 되는 고개를 넘는다
솔씨 같은 슬픔의 힘을 깨달으면서.

-「슬픔은 힘이다」 전문

시적 화자는 어린 시절부터 보아왔던 고향 고갯길에 서 있는 늙은 소나무를 바라본다. 늙은 소나무는 오래 고향을 지켜보며 살아왔을 것인데, "그악스런 칡넝쿨이 감고 있"어 죽어가고 있다. 그동안 늙은 소나무는 "솔향기 솔바람 다 내어준 수호신"이었지만 죽음에 이르렀어도 "원망하지 않는 의연한 모습"을 지닌다. 바로 이 대목에서 시적 화자는 슬프다. 이제 늙은 소나무가 쓰러지고 고갯길에 진눈깨비 흩날리게 되면, 비바람과 눈보라를 지켜주던 늙은 소나무의 부재에 어린 생명들은 "어미 잃은 아이처럼 황량한 들녘을 헤맬" 것이기 때문이다. "폭풍우 장대비 몰아치면/숲은 발가벗겨진 벌건 알몸으로 드러나"고 말 것이고 그럴 때면 늙은 소나무의 부재가 절실하게 실감날 것이다. 이 때쯤 시적 화자는 "흩어지는 상흔을 바라볼" 것이어서 "안타까이 일렁이는 가슴 안고" "처연히 잠겨 드는 영산강 노을 너머로 걸어가"겠다고 한다. 이러한 심정은 슬픔의 정서에 젖을 것이 분명하다. 그런 까닭에 시적 화자는 늙은 소나무가 있었던 고갯길을 "슬픔이 켜켜이 쌓인 아리랑 고갯길"이라고 생각한다. 그럼에도 슬픔을 눈물짓지 않는다. "고난이 스스로 힘이 되는 고개를 넘는다"고 한다. 그것은 늙은 소나무가 남긴 솔씨가 틔어내는 생명력이 알몸의 숲을 늙은 소나무의 무성함 같은 생명력이 넘치는 숲으로 푸르게 할 것이라는 믿음을 갖는 까닭이다.

이 작품은 늙은 소나무의 죽음이 그저 소멸이 아니라 또 다른 희망과 생명의 에너지가 될 수 있다는 믿음을 노래하고 있다. 죽음이 다시 생명으로 부활하는 순환의 원리로 자연의 섭리를 파악하고 있다는 데에 이 작품이 가진 미덕이라고 할 수 있다.

슬픔을 극복기제로 하여 시로 형상화시킨 작품 중

「연탄난로처럼」에서는 겨울 사무실에서 벌겋게 달아 오른 연탄난로의 온기를 통해 몸이 따스해진 시적 화자의 뜨거운 마음을 그리고 있다. 난로 때문에 가슴이 뜨거워져 "내 가슴속 꿈 또한 타오르고/서로에게 따스한 눈빛 나눌 날을 꿈꾼다"며, 난로의 온기로 비롯되어 사람과 사람 사이의 온기로 전이시키는 발상과 상상력이 예사롭지 않다. '냉기'를 '시련' 또는 '슬픔'으로 의미화시켜 그것을 극복하고자 하는 시적 화자의 의지 또한 돋보인다.

「노을 속의 나」에서는 영산강의 저녁 무렵을 서정적으로 노래하고 있다. 철새들이 떼지어 둥지를 찾아 날아가는 모습과 그것을 바라보는 시적 화자가 대비를 이룬다. 즉 철새 떼와 혼자인 시적 화자의 간극에서 슬픔이 일어난다. 그 슬픔을 떨치고자 철새 떼와 함께 하고자 하는 시적 화자의 슬픔의 동기가 매우 감성적이면서도 단독자 인간의 슬픔을 노래하고 있다.

「오두막」에서의 시적 대상인 '나그네'의 슬픔은 아무도 없는 고향집에 찾은 회한이 묻어 있다. 대나무 납작, 키 낮은 돌담, 툇마루. 장독대 감나무, 햇살 밟히는 마당, 물동이 등은 나그네에게는 매우 낯익은 것이어서 더욱 슬프다. '외딴집 오두막'의 쓸쓸하고 고적한 풍경과 오랜만에 옛집을 찾은 나그네의 심사에서 인간의 내면에 깃든 슬픔의 정서를 환기시키고 있다.

「능소화」는 역사적 서사에서 슬픔의 정서를 이끌고 있는 작품이다. 병자호란 때 삼전도에서 청나라에게 무릎을 꿇고 항복함으로서 백성들이 겪은 치욕을 구체적으로 형상화시켰다. 청나라로 끌려가 몸을 더럽힌 환향녀의 슬픔은 유교적 관념이 지배하던 조선시대 여성들의 신분적 슬픔이 깃들어 있다. 여성들은 일부종사를 강요받고 강제적이지만 몸이 더럽혀졌기 때문에 고향의 부모 곁에 머물지 못하고 평생 죄인으로 사회적 규범이라는 감옥에서 살아가야 하는 슬픈 존재이다. 멀쩡하지만 뚝뚝 떨어지고 마는 능소화꽃의 이미지를 환향녀의 이미지에 오버랩시켜 슬픔의 정서를 극대화시킨 작품이다.

4.

서정시는 도전에 대한 응전의 연속이어서 끊임없이 세계와 자아의 싸움이 계속된다. 이러한 법칙이 인간의 발전은 이루어져 왔는데, 시인은 시의 형식을 빌어 자신만의 방어기제로 대항하며 질문과 대답을 구해왔다. 이러한 과정에서 절망을 극복하고 자신의 삶을 이끌어왔다. 희망을 향한 도전은 자신 내면에서 발생할 수 있고, 우리 사회 외부로부터 비롯되기도 하는데 이는 시인의 실존적 방법론을 어떤 형식으로든 발현하기 마련이다. 도전에 대한 응전은 자신을 성장시키는 힘으로 작용하고 있다.

그러므로 시인은 자신은 물론 우리 사회의 관찰자 역할을 하는데, 삶은 늘 순조로운 것만은 아니어서 자신과 치열한 갈등구조를 풀어가면서 보다 인간다운 삶을 지향한다. 더불어 시인 자신의 주변에서 만나는 도전, 즉 절망적인 상황을 주시하며, 때로는 연민과 사랑으로 시적 대상을 바라보기도 하고, 때로는 공동체의 건강함을 위해 실천적인 시쓰기를 하기도 한다.

다음의 「어떤 사내」는 일상에서 우연히 만나 어떤 사내의 절망, 또는 슬픔을 연민으로 바라보고 있다.

> 좁다란 언덕길 골목 맨 끝에
> 허름한 집 한 채가 덩그러니 있다
> 문은 오래되어 삐그덕대는 소리 요란하고
> 부엌 딸린 단칸방 하나가 서글퍼 보인다
> 노을이 마루를 감아 돌며 주홍빛 색칠할 때
> 한 사내가 붉게 물든 마루에 웅크려 누워 있다
> 머리 위쪽 가방은 옆으로 쓰러져 있고
> 뒷주머니에서 빠져나온 지갑은
> 혼이 나가버린 것처럼
> 멀거니 입을 벌린 채 널부러져 있다
> 왼 양말 엄지발가락은 햇볕 좇아 기웃거리고
> 오른 양말 뒤꿈치는 굳은살이 내밀었다
> 고개 오르기 전, 탁주 한잔 마셨을까
> 헝클어진 머리로 쓰러져선 어깨만 가끔 들썩인다

회사에서 해고당한 뒤 새 직장을 구하지 못했을까.

-「어떤 사내」 전문

이 작품에 등장하는 어절들을 살펴보면, '골목 맨 끝의 허름한 집 한 채', '오래 된 문이 삐그덕 대는 소리', '서글퍼 보이는 부엌 딸린 집 한 채', '마루에 웅크려 누운 사내', '쓰러진 가방', '뒷주머니에서 빠져나온 지갑', '양말 밖으로 나온 엄지발가락', '오른 양말 뒤꿈치에 보이는 굳은 살', '헝크러진 머리' 등이 누추한 집 마루에 쓰러져 있는 사내의 모습을 짐작하게 한다. 여기에서 주목하는 것은 사내는 시적 화자가 모르는 '어떤' 사람이다. 시적 화자는 외딴 집 부근을 지나다가 마루에 누운 사내를 바라보고 있음인데, 우연히', '지나다가' 마루에 쓰러져 있는 사내의 모습을 통해 그가 어떤 상황에 처해있는지를 1인칭 시점으로 눈에 띄는 모습만 형상화했을 뿐이다. 그러므로 집안 내부와 사내의 사정을 알 수가 없다. 시적 화자가 앞에서 열거한 정황으로 보아 "탁주 한 잔 마셨을까" "회사에서 해고당한 뒤 새 직장을 구하지 못했을까."라고 가늠해 볼 수밖에 없다. 사내가 처한 상황을 알 수 없지만 어떤 절망과 슬픔이 사내를 힘들게 하고 있음을 유추하게 한다. 이 작품에서 "머리 위쪽 가방"은 사내의 신분을 나름대로 짐작하게 한다. 물론 가방 속에 무엇이 들어있는지는 모르지만, 사내의 직업을 말해주는 연장이 있을 수도 있고, 또 다른 무엇이 있을 수도 있다. 특히 "혼이 나가버린 것처럼/멀거니 입을 벌린 채 널부러져 있"는 것에서 그 사내가 어떤 위기에 처해 있음을 가늠하게 한다.

이 작품은 시적 화자가 좁다란 언덕길 골목을 지나다가 우연히 바라보게 된 풍경이지만, 그것들을 통해 중심으로부터 이탈한 소외된 사람의 절망과 슬픔, 그리고 연민의 정서를 전하고 있다.

「아버지 도시락」은 한 노동자의 삶을 통해 그가 처한 어려운 생활환경을 시적 화자가 따스한 시선으로 바라보고 있다.

점심 무렵, 창고 안에서
한 사내가 짐을 정리하고 있다
창고 문 앞, 늦가을 찬비 속에 서 있는
트럭을 보던 사내는 어깨를 툭툭 털며
양은 사각도시락을 꺼내어
식은 뚜껑을 연다
쌀알보단 보리알이 더 많은 도시락에
대각으로 누워있는 젓가락을 집어
찬밥 한 덩이를 입에 넣고
총각무 한 쪽을 베어 문다
그는 화물 트럭에 있던 짐을 내리고
다른 지역으로 가는 짐을 올리는

정기화물 회사에서 일을 하기에
식솔들은 따뜻한 밥을 먹는다
도시락 찬밥을 한 젓가락, 한 젓가락 넣을 때마다
비를 맞는 화물차와 가족 얼굴이 번갈아 스친다
일 마치고 집에 돌아가면 아이들이 달려 나오겠고,
온 가족이 저녁상에 둥그렇게 둘러앉겠지.

-「아버지 도시락」 전문

화물 노동자의 일상을 형상화한 작품이다. 전지적 시점인 3인칭 전개방식은 시적 화자가 시적 대상의 일상은 물론 내면까지 들여다볼 수 있다는 측면에서 시적 대상을 용이하게 읽어낼 수 있다. 이 작품에서 시적 화자는 관찰자로서 사내의 동선을 따라 움직이며 사내가 처한 상황과 내면을 들춰내고 있다. 이러한 과정을 통해 '아버지'라는 보통명사가 함의하는 '가장'으로서의 존재를 말해주고 있다. 즉, 늦가을 찬비 속에서 트럭을 바라보던 사내는 점심을 집이나 식당에서 따뜻하게 먹지 못하고 차디찬 양은 도시락 속의 밥을 먹는다. 사내는 정기화물 회사에서 트럭에 짐을 내리기도 하고 올리기도 하는 노동자이다. 몸이 무기이고 재산인 사내는 가족에게 따뜻한 밥을 먹이기 위해 가장의 무거운 짐을 어깨에 메고 살아가는 일이 버거울 것이다. 가족을 위해 트럭에 올리고 내리는 짐의 무게를 온 몸으로 받아내며 때로는 고통스럽기도 할 것이지만 "도시락 찬밥을 한 젓가락, 한 젓가락 넣을 때마다/비를 맞는 화물차와 가족 얼굴이 번갈아 스"치지만 그것이 힘이 되어 자신의 존재에 대한 인식을 할 것이다. 그래서 "일 마치고 집에 돌아가면 아이들이 달려 나"올 것이고, "온 가족이 저녁상에 둥그렇게 둘러앉"을 것을 머리 속에 생각할 것이다. 이러한 사내의 생각을 시적 화자는 들여다본다.

이 작품에서 '사내'와 '아버지'는 같은 존재이다. 노동자로서의 사내는 남성성을 나타내지만 보통명사 '아버지'는 객관화된 대상으로 가족을 위해 자신의 고통스러움을 인내하는 가장의 지위를 가진다. 그런 까닭에 시인은 시제를 '아버지 도시락'이라고 한 것이다.

보다 나은 미래를 꿈꾸며 현재의 시련을 극복하고자 하는 의지를 모색한 김기완 시인의 시편들은 구체적인 모습으로 나타나는 경우가 많다. 「남루한 家長」에서는 텔레비전에서 고급요리를 먹는 사람들을 바라보며 시적 화자는 그럴 수 없는 자신을 생각한다. "자식들 과 외비, 전셋집 보증금"을 위해서는 내핍생활을 해야 한다며 김치찌개에 소주 한 잔으로 자신을 위로한다.

「사내」 역시 가족과 함께 행복하게 살고 싶은 마음으로 현재는 상한 몸을 회복하기 위해 산중에서 살고 있는 가장의 안타까움을 아프게 형상화시켰다.

앞에서 살펴본 작품들은 주로 우리 사회에서 흔히

볼 수 있는 남성들의 시련과 현실을 고통스럽게 그려낸 것들로 이를 극복하려는 의지를 잘 그려내었다.

이에 반해 다음의 작품들은 우리 사회가 안고 있는 그늘과 모순, 그리고 이를 타개하고자 하는 시인의 정신이 지향하는 방향성이 드러나 보인다. 이른바 사회적 상상력을 보여주는 이 작품들은 객체의 문제를 떠나 공동체의 과제를 다룬 것이다.

「추모」는 최근 교육현장 교사들을 죽음으로 내몬 사건들에서 성찰과 집단 이성의 발현을 탐구하고 있다. "가슴 앓다가 젊디젊은 생을 놓아버리고 만" 서이초교, 호원초교 교사들을 폭력교사로 내몬 일그러진 일부 학부모들의 폭력성을 질타하고 있다.

「평온한 세상을 꿈꾸며」는 최근 온 국민을 절망과 불안의 도가니로 빠뜨린 정치지도자의 왜곡된 욕망과 광기에 저항하기 위해 광화문 등 광장에 모여든 시민들의 불면이 지닌 힘이 어떤 의미가 있는지를 짧지만 선명하게 노래하고 있다.

5.

자연은 인간의 삶과 분리될 수 없는 절대적인 대상이다. 그것은 인간 역시 자연의 구성원이기 때문이다. 수많은 생명체 중에서 인간만이 유일하게 문명을 발전시켜 먹이사슬 맨 위에서 정복자처럼 군림하지만 엄연한 자연의 섭리를 거부하거나 일탈할 수 없다. 오늘날 인간의 탐욕으로 자연을 재화적 가치로 환산하여 무분별하게 개발한 결과 인간과 자연은 충돌하고 기후변화에 따라 전지구적으로 위협을 받고 있다. 폭염과 폭우 · 폭설이 나타나고 생명체들이 멸종하거나 멸종위기에 처해있다. 그러나 동양적 자연관은 자연친화적이어서 모두가 상생하는 생태학적 상상력을 지향한다. 그런 까닭에 자연을 의인화시키고 숭배하며 인간보다 우월한 존재로 인식하였다. 이를테면 특정 생명체를 사군자라 하고, 특정 나무를 신목神木이라 하여 마을 수호신으로 여겼다. 이러한 사례는 수없이 많아 자연을 인간보다 우월하고 절대적인 존재로 인식하였다. 특히 예술가들에게 자연은 늘 인간을 이끌고 가르치는 표지로 작용하였던 바 시 · 서 · 화를 통해 높은 경지의 인격을 지닌 대상으로 형상화하였다.

현대시에서도 자연은 교감의 대상으로 인간을 이끄는 여러 상징으로 나타나고 있다. 더불어 자연 그대로의 아름다움을 노래하고 있다.

지상에 내려온 목련이
응달 속에서 날개를 겨우 펴니
여러 갈래 꽃잎으로 바람에 나부낀다
순결한 진실을 말하고자

추위와 어둠을 헤집고 찾아 왔건만
이제, 하늘로 돌아갈 때가 다가오고 있다
만약, 은하수 속으로 돌아가게 된다면
흰 새처럼 허공에 떠올라
꽃잎 하나 또 하나 대지에 내려놓으며
훨훨 날아갈 거야
쌓인 미련일랑 모두 떨쳐내고 가렴
지난 12월 초에 돋은 꽃눈 속에서
시린 겨울을 나와 함께 난 후,
눈부시게 부풀어 올랐던
피기 전 예뻤던 자취는 두고서 가려무나.

-「목련」 전문

목련을 의인화하여 목련이 지닌 생태적 특징을 바탕으로 시인의 상상력이 돋보이는 작품이다. 시적 화자는 목련을 본래 하늘에서 지상으로 날아온 존재라고 한다. 꽃잎을 피우고 마침내 "여러 갈래 꽃잎으로 바람에 나부낀다"며 지는 목련꽃이 "이제, 하늘로 돌아갈 때가 다가"온다고 한다. 의인화법과 더불어 환타지적 상상력은 목련꽃이 "만약, 은하수 속으로 돌아가게 된다면/흰 새처럼 허공에 떠올라/꽃잎 하나 또 하나 대지에 내려놓으며/훨훨 날아갈" 거라고 한다. 목련이 피었다가 지는 모습을 이렇듯 시인의 상상력에 의해 활달하게 형상화시킴으로써 지금껏 많은 시인들이 노래한 목련과는 사뭇 다른 미적 감동을 일으키고 있다. 이러한 목련의 개화와 낙화를 “지난 12월 초에 돋은 꽃눈 속에서/시린 겨울을 나와 함께 난 후,/눈부시게 부풀어 올랐던” 아름다운 자취를 두고 가라고 함으로써 시적 화자가 목련과 교감을 시도한다. 즉 겨울이라는 시련의 시간을 견디고 아름답게 꽃을 피우는 목련과 시적 화자의 동질성을 갖고자 한다.

「첼로」는 자연의 하나인 가문비나무가 첼로라는 악기로 태어남이 새로운 생명으로 거듭남을 노래한 작품으로 죽음이 소멸이 아님을 표면하고 있다.

가문비나무는 오래전에 죽었는데
바람이 지나가는 시간 속에 누웠다가
하늘의 생명으로 단풍나무와 어우러져
첼로는 새로이 태어났다
달빛을 품은 굵고 온화한 음으로
보듬어 안아 기쁨을 내어 주기 위함이리라
바짝 말라가던 나무가 볼로냐에서 새 생명을 얻어
은하수 별빛처럼 아련한 저음을
꿈에 안기듯 그대에게 전해 주련다
저음역의 자애로운 선율 되어
묵직하면서도 부드러운 음색으로
꿈꾸는 영혼의 소리로 다시 태어났다
그대의 공허한 마음에 활기를 채워 넣는
새로운 심장 박동, 나지막이 전해 주고자

몸을 깎아내고 불에 달궈지는 고통을 이겨내었다
사랑의 울림을 내어놓고자 고통 속으로 몸을 던져
첼로로 다시 태어난 것이기에
그대 가슴에 단비가 되어 촉촉이 스며드리라.

-「첼로」 전문

가문비나무, 혹은 첼로가 스스로에 대해 말하는 형식을 취하고 있는 이 작품은 새로운 생명을 얻기 위해 고통을 이겨낸 생명의 찬가라고 할 수 있다. "가문비나무는 오래전에 죽었"다. 이제 숲에서 썩어 흙으로 돌아갈 일만 남았는데 "몸을 깎아내고 불에 달궈지는 고통을 이겨내"어 마침내 첼로로 새 생명을 얻는다. 첼로는 현악기이기는 하지만 그 몸통이 없으면 악기가 될 수 없다. 그러므로 가문비나무는 첼로의 몸통이어서 가문비나무가 죽어 첼로가 되었다는 말이 성립되는 것이다.

가문비나무가 숲에서 보았던 바람과 달빛, 그리고 햇빛이 첼로가 되어 온몸으로 내는 악기소리는 온화한 음으로, "은하수 별빛처럼 아련한 저음"이 되어 "꿈에 안기듯 그대에게 전해 주"려는 것이다. 본래 음역대가 낮은 소리를 내는 첼로는 "자애로운 선율 되어/묵직하면서도 부드러운 음색으로/꿈꾸는 영혼의 소리로 난 다시 태어"난 것이다. 다시 말해 숲의 일원이었던 가문비나무가 죽어 사라지지 않고 첼로가 되어 '그대'로 지

칭되는 첼로의 선율을 듣는 사람들에게 "사랑의 울림" "꿈꾸는 영혼의 소리" "공허한 마음에 활기를" "새로운 심장박동"으로 되살아 새로운 생명력을 얻는 과정을 형상화시킨 시인의 상상력이 신적 존재의 영역처럼 신묘하다.

이밖에 자연을 시적 주제나 제재로 삼은 작품 중에 「가을날 아침」은 시적 대상인 바람을 에로티즘적인 감각을 형상화시켰다. 이 작품 속의 '바람'을 벌거숭이로 의인화함으로써 옷을 입지 않은 인격체화 시킨다. 벌거벗었기 때문에 부끄러워할 것이고, 부끄러운 몸을 감추기 위해 바람은 구름 속에 숨어버린다. 그런데 숨어든 곳이 "숫처녀 속치마 같은 솜털구름"여서 "처녀구름이 어쩔줄 몰라"하는 모습을 통해 성애性愛적인 감각을 그려낸다. 자연을 바라보는 시인이 상상력이 이채롭고 흥미롭다.

「느티나무 묵언」은 가을 서리 내릴 무렵 이파리를 모두 떨군 나목이 된 느티나무에서 말없음을 통해 말을 듣는 시적 화자의 언어소통 방식이 진중하다. 느티나무가 10월이 되어 낙엽을 모두 내려놓은 것은 자연의 섭리겠지만, 시적 화자는 "오르막이 있으면, 내리막이 있노라는 것이요/출발역이 있으면, 종착역이 있노라는 것"이라는 벌거벗은 느티나무가 하는 묵언을 듣는다. 실은 시적 화자가 느티나무를 통해 스스로 나목의 의미를 해석한 것이지만 '느티나무의 묵언'이라고 하는 재치가 엿보인다.

「달빛을 낚다」는 조월산방이라는 지리산 산자락에서 낚시질로 달빛을 낚아 허공에 걸어두었다는 시인의 상상력이 빼어나다. 그 달빛이 가끔 내려와 시적 화자를 따스하게 감싸 안아준다고 함으로써 달빛과 인간이 어떻게 교감하고 스미는지를 아름답게 노래하고 있다.

「귀뚜라미」에서는 보름달이 뜬 밤 귀뚜라미 우는 소리가 시적 화자를 위로한다. 그러자 시적 화자는 겨울을 지낼 귀뚜라미를 걱정한다. 자연과 인간의 진정한 교감을 매우 감각적으로 형상화하고 있다.

6.

김기완 시인의 첫 시집 『슬픔을 헤아리며』는 기저에 슬픔의 정서를 바탕으로 하여 시적 발화를 하는 경우가 많다. 유소년기 궁핍한 가정환경에서 연유한 어머니, 아버지에 대한 연민과 사랑, 그리고 그리움은 그 원천이 슬픔의 감정에서 비롯되기 때문이다. 그러면서도 슬픔의 정서는 순기능적으로 작동하여 슬픔을 극복하고자 하는 기제가 되어 '나는 무엇이고 누구인가'라는 자기정체성을 발견하게 되고 이러한 과정에서 그의 '서정'은 힘을 갖게 된다.

'슬픔의 정서'는 가족사에서만 나타나는 것은 아니

다. 탐욕에 눈이 어두운 인간 존재들의 아둔함으로 인해 우주적 시야를 갖지 못해 협소한 시각으로 세계를 바라보는 안타까움에 대해 근원적인 슬픔을 느낀다. 이는 태생적인 인간의 한계이기는 하지만 보다 나은 삶을 위한 성찰의 태도를 보임으로써 시적 에너지를 획득하게 하는 요인이기도 하다. 특히 「슬픔은 힘이다」에서 늙은 소나무의 죽음으로 유한한 생명성에 대한 슬픔을 인식하지만 그러나 늙은 소나무의 죽음이 소멸로 이어지지 않고 또 다른 생명을 얻는다는 생명의 연속성을 발견함으로써 서정시가 추구하는 효용성을 보여준다.

이번 시집 한편에서는 사회학적 상상력을 통해 중심으로부터 소외된 존재들에 대한 시인의 위무가 주목된다. 절망에 빠져 마루에 쓰러져 누운 사내의 모습, 혼자 식은 도시락을 먹는 화물회사 사내, 병이 깊어 가족과 떨어져 산중에서 사는 사내, 교육현장에서 젊은 생을 마감한 교사, 절망과 불안의식으로 광장에 모여든 시민들을 시로 형상화시켜 사회의 모순과 그늘을 그려내었다. 이들 작품들은 보다 살기 좋은 세계, 휴머니즘을 지향하는 시인의 정신성이 어디에 있는지를 잘 말해준다.

김기완 시인의 이번 시집에서 빼놓을 수 없는 것이 자연과 인간이 어떻게 교감하고 있는지, 그리고 자연을 다채롭게 바라보는 시인의 빼어난 상상력을 보여주는 작품들이다. '목련'이 꽃을 피우고 지는 것을 단순한 생명활동으로만 바라보지 않고 겨울이라는 시련의 시간 끝에 꽃피운 것에 주목함으로써 이러한 과정이 인간의 삶 또한 이와 같음으로 시적 동질성을 발견하고 있다. 생태적 상상력의 한계를 극복한 「첼로」는 가문비나무가 죽어 사라지지 않고 첼로라는 악기로 새 생명을 얻는 과정에서 생명성에 대한 깊은 천착은 김기완 시의 방향성을 가늠하게 하여 이번 시집이 얻은 뜻깊은 소출이라고 할 수 있다. 더불어 「가을날 아침」에서 눈에 보이지도 않고 손에 잡히지도 않는 '바람'을 에로티즘적 관점으로 노래하고 있는 것도 김기완 시인의 다채롭고 풍요로운 시세계를 점쳐볼 수 있게 하여 기대된다. 뿐만 아니라 달빛을 낚아 허공에 걸어두었다고 말하는 「달빛을 낚다」는 달빛과 인간이 어떻게 교감하는지를 잘 보여주고 있다.

김기완 시인의 시는 슬픔을 절망으로만 인식하지 않고 이를 바탕으로 극복하는 기제로 작동시키는 능력이 그의 시적 에너지로 작용하고 있다. 더불어 자연친화적인 시인의 태도가 탐욕에 젖은 인간의 욕망을 버렸을 때 비로소 자연과 인간이 함께 할 수 있다는 믿음에 시적 신뢰가 가는 것은 김기완 시인의 시집이 거둔 수확이라고 할 수 있다.

첫 시집 『슬픔을 헤아리며』는 독자친화적인 언어 형식을 견지하고 있다. 독자들에게 쉽게 다가가려는 시인의 노력이 깃들어 있어 난삽하고 굴절된 언어로 독자들에게 시가 외면받는 시대에 안심이 된다.